Singulière agape

ETHEL SALDUCCI

SINGULIÈRE AGAPE

nouvelles

ÉDITIONS LUCE WILQUIN

Illustration de couverture : *Baguenaudes* © Daniel Charneux

EN ROUTE VERS LA SÉRÉNISSIME

Les propos anodins qu'échangent trois femmes à la table voisine remplissent Pierrette d'une froide colère.

Il s'agit de savoir où chacune achète sa viande et à quel prix, puis de passer en revue les méthodes employées pour dater l'opération sur les sachets plastique, après congélation.

Comment un tel échange peut-il la mettre hors d'elle ? Le sujet n'est certes pas excitant, mais de là à en concevoir de la rage !

N'est-ce pas plutôt ce que Pierrette entrevoit de la vie de ces quadragénaires qui la met si mal à l'aise ?

Employées de bureau depuis toujours, elles n'ont certainement pas renoncé pour autant au rôle de ménagère accomplie hérité de mères parfaites. Elles se doivent de rendre leur foyer agréable pour tous : maris, enfants ou cochons d'Inde.

Mais de quel temps, de quelle énergie disposent-elles pour mener à bien leur tâche ? Est-il concevable qu'elle soient inspirées au bureau et chez elle, ou faut-il plutôt croire qu'elles ne le sont nulle part ?

Pierrette a mal au crâne, comme s'il se fendait sous la pression de milliers d'aiguilles.

Elle-même, que fait-elle de sa vie ? Vers quel but prétend-elle tendre ? Quelle trace laissera-t-elle, qui n'inscrit pas même de date sur des sachets plastique ?

Bien sûr, il y a les petites têtes blondes de Louis et de Jeanne ! Ces deux enfants, ses trésors comme elle les appelle, sont sans doute sa plus belle réussite.

Cette expression lui fait horreur. Qui pense ainsi ? Qui jauge sa vie en termes de réussite ou d'échec ? Qui la juge de la sorte, Pierrette, trente-sept ans, deux fois maman, cadre, compagne de Simon qu'elle ne connaît plus guère, bonne nageuse, excellente danseuse, autoritaire mais tellement à l'écoute, etc. ? Qui sinon elle-même ?

Ses sens se brouillent au point qu'elle ne sait même plus si les femmes sont encore là. Leur conversation a-t-elle d'ailleurs jamais eu lieu ou Pierrette a-t-elle projeté sur ces silhouettes maintes fois aperçues ses propres préoccupations ?

Émergeant à grand peine de ses divagations, Pierrette se rend compte qu'elle est seule dans la cafétéria. Le comptoir est dégagé de tout relief et les serveuses ont disparu. Combien de temps a-t-elle passé là ?

Rassemblant ses forces, elle se lève, dépose sur le comptoir désert sa tasse vide, passe machinalement son badge dans le tourniquet et longe le couloir d'une démarche de somnambule.

À l'étage du dessus, la salle des marchés est encore animée : ses écrans lui indiquent qu'il est tout juste dix-sept heures. Pierrette envisage un instant de prétexter un appel de la crèche pour s'échapper.

Une heure plus tard, qui passe comme dans un rêve, ses collègues se dispersent et elle choisit de s'attarder un peu, émue par la certitude qui naît en elle qu'elle ne viendra pas le lendemain.

Où sera-t-elle ? Elle le sait déjà : la gare de Bercy est à deux pas, un train en part chaque soir pour la Sérénissime. Pierrette a toujours aimé le train de nuit, aussi loin qu'elle s'en souvienne. Elle se revoit, émergeant de sa couchette en gare de Saint-Raphaël, là où le chemin de fer colle à la mer jusqu'après la frontière italienne.

Quelques clics de souris lui apprennent que le départ est à 19h47. Elle a plus de temps qu'il ne lui en faut pour se préparer. Le verbe l'amuse ; n'est-elle pas déjà prête ?

D'où préviendra-t-elle Simon ? De la gare ? Mieux, du train, quand il ne sera plus temps de faire machine arrière ! Mais les enfants ? Leur père leur expliquera tout simplement que Maman s'absente quelques jours. Ça n'est d'ailleurs que la stricte vérité.

Son cœur se serre à la perspective de les quitter ainsi sans préavis, mais elle sait qu'elle n'a pas le choix. Quelque chose s'est mis en branle et doit enrayer le déroulement trop policé de son existence.

Après avoir fourré sa trousse de toilette dans le sac à main qui constituera son unique bagage, Pierrette quitte en souriant l'immeuble qu'elle fréquente depuis tant de temps. Dehors, une belle lumière comme Paris en produit parfois joue avec le nouveau front de Seine du treizième arrondissement et le fleuve l'invite au voyage. Elle détache sa bicyclette avec la sensation exquise de faire une bêtise, pour la première fois depuis longtemps.

Il est encore tôt, et elle a envie de traverser le parc de Bercy. Elle l'a arpenté à maintes reprises, s'évadant une heure ou deux de ce métier qu'elle s'étonne toujours d'exercer. Souvent, elle y a poussé des portes imaginaires qui sont restées ouvertes bien après qu'elle eut repris son poste de travail.

La perspective de laisser son vélo aux abords de la gare ne lui plaît guère. Elle aimerait emmener avec elle son compagnon de route mais il n'a vraiment pas sa place à Venise. Elle attache soigneusement sa monture à un poteau qui lui semble mieux placé que d'autres, en lui promettant de tout lui raconter à son retour.

En la quittant, Pierrette a ce petit geste de la main en forme de caresse à peine déguisée qui ponctue depuis toujours la plupart de ses séparations d'avec des objets familiers.

Elle achète son billet pour la Sérénissime comme elle prendrait un ticket à l'unité dans un bus parisien : même légèreté que dans un geste banal, même inconscience que pour un acte machinal. Quand on est à sa place, tout devient simple.

Le point presse est attirant avec ses couvertures par milliers et constitue un passage quasi obligé pour la vacancière improvisée qu'elle est, mais elle en ressort les mains vides, peu désireuse au fond de découvrir la soi-disant actualité du monde. Elle a dans son sac à main sa plume préférée et un carnet où coucher ses impressions de voyage.

Son train ne tarde pas à être affiché et Pierrette, en compostant son billet, découvre avec plaisir et amusement qu'elle voyagera en voiture treize. Depuis que les trois kilos cent de Louis sont arrivés au monde un 13 janvier à treize heures, elle considère ce nombre avec tendresse. Après la naissance de Jeanne, deux ans plus tard, le treize janvier toujours, elle s'est entichée de ce chiffre, devenu porte-bonheur !

Un peu plus tard, installée dans son compartiment, Pierrette appelle Simon :

« C'est enfin toi ? Tu aurais pu prévenir de ton retard, tout de même !

– Non, justement, je n'aurais pas pu.

– Mettons… Tu rentres, là ?

– Non, là, je ne rentre pas, je m'en vais.

– Qu'est-ce que tu racontes ?

– Je raconte que je m'en vais.

– Mais bon sang ! Où ? Pourquoi ? Combien de temps ?

– Je pars à Venise, parce que je ne me voyais pas rentrer à la maison, et ça va me prendre un certain temps…

– Tu es complètement cinglée ? Tu ne peux pas faire une chose pareille !

– Si, justement, je le peux ! La preuve, je suis en train de le faire… dans le train, pour être précise !

– Et les enfants, que vais-je leur dire ?!

– La vérité ! Que leur Maman s'absente quelque temps… Embrasse-les bien pour moi, ou passe-les moi d'ailleurs, je vais leur expliquer moi-même.

– Pierrette, tu es encore plus cinglée que je ne le pensais !

– Tu m'as toujours sous-estimée, Simon.

– …

– Allô Maman ?

– Oui, mon Louis ! Je suis dans le train, j'ai décidé de faire un petit voyage…

– Pourquoi ?

– Eh bien, parce que j'en ai eu envie. Je travaille beaucoup et… j'ai besoin de calme.

– Moi aussi, Maman, j'ai besoin de calme !

– Certainement, Trésor mais cette fois-ci, c'est comme ça, je pars seule un petit moment…

– D'accord, mais une prochaine fois, on partira tous ensemble, Louis, Maman, Papa et Jeanne, et on ira tous au calme !

– Promis, mon cœur, on fera comme ça une prochaine fois. Je t'embrasse. Tu me passes ta petite sœur, s'il te plaît ?

– D'accord. Jeanne, Maman veut te parler. Jeanne !

– …

– Allô, allô ! Maman ?

– Oui, ma douce, c'est Maman. Je suis dans le train. Je te souhaite une belle nuit.

– Maman, 'crain ! Jeanne, pas 'crain… Maison, 'ouis, Papa Maison, pas 'crain…

– Oui, tu as raison. Il n'y a que Maman dans le train, Jeanne est à la maison avec Louis et Papa. Je t'embrasse, ma douce. Je rentrerai dans quelques jours.

– Là, Doudou !

– Embrasse aussi Doudou de ma part. À bientôt, ma toute jolie ! »

Quelques baisers sonores ponctuent cette conversation et résonnent longtemps dans le paysage qui défile.

Le train arrivant à Santa Lucia à 7h24, Samuel aura le temps de s'offrir un *latte macchiato con brioche* avant de filer à la Salute. Il a hâte d'être accoudé au bar !

Son penchant pour cette boisson laiteuse l'a parfois gêné, lui qui aurait sans doute préféré demander aux serveurs ces *expresso amaro* dont raffole sa femme.

Quand ils voyagent ensemble en Italie, ce qui se produit de plus en plus rarement, ils ont coutume de rire de la méprise ainsi créée : invariablement, on sert le *latte macchiato* à Chloé tandis qu'il hérite du *caffè ristretto*.

Quant à ses collègues de travail, ils ont d'autant plus de mal à croire qu'il puisse aimer cette boisson écœurante à leurs yeux qu'il la sucre outrageusement. Pour tout dire, ça n'est pas là une boisson d'homme !

Samuel se réjouit à la perspective de ce petit-déjeuner en solitaire.

Mais pour l'heure, il s'agit d'aller dîner. Samuel aime assez l'ambiance surannée du wagon-restaurant, le charme désuet du lieu effaçant remarquablement la médiocrité des mets. Même le Lambrusco entrée de gamme flatte ses papilles dans un tel flacon.

Ce sera par ailleurs pour lui l'occasion de se livrer à une de ses occupations favorites…

Samuel se sent tout à fait en vacances en se rendant ce soir à Venise pour raison professionnelle.

De rares tables sont occupées quand Pierrette pénètre dans le wagon-restaurant. Elle s'installe non loin d'un homme penché sur un bloc de papier, stylo à la main – un écrivain, peut-être ?

Elle entretient un drôle de rapport avec l'écriture. Jamais elle ne se déplace sans un cahier ou deux, et une trousse l'accompagne en permanence, pleine de cartouches d'encre et de mines de crayons. Elle les utilise chaque jour ou presque, mais jamais encore elle n'a mis de point final à un texte, pas même à la très longue lettre commencée pour chacun de ses enfants alors qu'elle les attendait.

L'homme semble concentré, son regard tourné vers l'intérieur n'a pas perçu la présence de Pierrette malgré l'attention qu'elle lui porte. Le verre de vin posé devant lui semble souffrir de la même indifférence.

Aimantée par cette dernière, Pierrette s'approche de lui. Elle s'étonne de cette concentration que les adultes d'ordinaire ont laissée aux enfants.

À cet égard, et bien qu'il ait tout d'un homme, il ressemble à un petit garçon. Sa bouche aux finitions parfaites semble avoir été dessinée à l'aide d'un pinceau fin par des parents attentionnés.

Pierrette se sait séduisante. Sans grand plaisir d'ailleurs, car séduire signifie être occupé à plaire et s'être un peu quitté afin de se mieux regarder.

Pour l'heure, cet homme n'est pas sensible à son charme. Cela lui semble de bon augure et elle lance :

« Bonsoir, excusez-moi, cela vous dérange-t-il que je m'installe à votre table ? »

Il lève la tête et balaie d'un regard rapide la salle encore peu fréquentée.

« Non, ce n'est pas par nécessité que je vous demande cela, mais par envie tout simplement. J'aimerais dîner à votre table. »

Il reste silencieux, prend le temps de la regarder, puis l'invite d'un calme :

« Prenez donc place puisque vous en avez envie. »

Au *cameriere* qui s'approche, elle commande le même verre de vin – un Lambrusco – tandis que l'homme s'enquiert :

« Vous vous rendez donc à Venise ?

– On ne peut rien vous cacher… »

Déjà, elle regrette cette réponse sarcastique sans intérêt, mais il poursuit :

« Y allez-vous dans un but bien défini ?

– Oui, pour y vendre de l'Orval !

– Vous voulez rire ? Quoiqu'une bière trappiste aurait du succès là-bas !

– Oui, je veux rire. Je suis en réalité représentante en céréales et démarche les hôtels.

– Orval, céréales… Vous vous moquez de moi à présent.

– En vérité, ma présence dans ce train est une pure mesure d'hygiène mentale. J'en ai fini avec les rimes en Al. Et vous-même, que faites-vous ici ?

– Je poursuis un but purement professionnel, je veux dire, professionnal.

– Vous écrivez ?

– Comme vous le constatez, mais cela n'a rien à voir avec ma profession. Je travaille pour la Fondation François Pinault et me rends régulièrement à la Punta della Dogana depuis 2007.

– Vous écrivez souvent dans le train ?

– Toujours et exclusivement dans le train.

– Exclusivement dans le train ?

– Cela vous étonne ?

– Cela m'intéresse.

– Vous écrivez aussi ?

– Pas autant que je le souhaiterais. À mes heures perdues, comme on dit. Il y en a peu : je travaille et j'ai deux enfants.

– Ce qui est merveilleux avec le train, c'est qu'il offre des heures vraiment perdues. Perdues au reste du monde, à sa frénésie. Le train est en perpétuel mouvement, il ne fige rien. Même les horaires d'arrivée sont susceptibles d'être modifiés, voyez-vous ?

– En Italie surtout !

– Certes mais pas seulement. Le train imprime un mouvement sans catapulter le voyageur comme le ferait un avion. En avion, je ne parviens pas à écrire. Je n'y rédige que des documents professionnels, mais rien qui me modifie. Seul le train fait de moi un artisan des mots, de ces mots qui s'accumulent en moi à Paris sans que je puisse rien en faire dans le train-train de ma routine. Ce train miniature qui n'en est pas un puisqu'il ne me transporte pas réellement et ne me transforme jamais.

– Je vous ai donc interrompu en plein transport, dans un moment précieux. J'en suis confuse !

– En plein transport c'est indéniable, mais ne soyez pas confuse ! D'ailleurs, vous ne l'êtes pas. C'est parce que vous avez flairé un moment précieux que vous avez eu envie de vous approcher. »

En prononçant ces mots, l'homme s'est coloré d'un air malicieux qui lui va à merveille.

« Je vous trouve beau…

– C'est celui qui le dit qui l'est, non ?

– Vous me trouvez belle ?

– Je vous trouve gonflée et très jolie. »

Le verre de vin arrive.
«Trinquons, à la transformation par le train!
– *Salute!*»

L'attaque du Lambrusco est plutôt brutale, contrastant avec la douceur de la rencontre, mais Pierrette, bon public, le trouve exquis.

En avalant ses spaghetti *alla bolognese*, elle pense à son début de journée. Rien n'aurait pu laisser présager une telle soirée. Simon doit embrasser les petits après leur avoir lu une histoire, et c'est bien ainsi.

Elle ne fait pas de nouvelle allusion à sa vie de famille. Son compagnon ne lui dévoile pas davantage les détails de sa vie parisienne. Plus rien de ce qu'ils étaient sur le quai de Bercy n'est valable dans ce train à destination de Venise.

Ils parlent peu pendant leur repas. Une viande sans grand intérêt a suivi les pâtes, les verres de vin ont été remplis une seconde fois et tous deux semblaient goûter le silence. Non pas le silence menaçant qui vient une fois que l'on s'est tout dit, mais celui qui ose s'installer quand nul vide ne doit être comblé.

Pierrette goûte l'instant.

En l'observant, à la fois intrigué et sous le charme, son compagnon se demande ce qu'elle vient véritablement faire ici.

Le dîner est terminé, chacun semble heureux et peu désireux de passer à autre chose. Le garçon qui nettoie la salle en se rapprochant toujours davantage de leur table les met en mouvement.

« Je vous raccompagne ?
– Volontiers. »
Arrivé devant sa porte, il lui demande :
« Comment vous appelez-vous ?
– Pierrette,
– Moi, c'est Samuel... Pierrette, m'accorderez-vous cette nuit ? »

La couchette de Samuel, la seule à être occupée dans le T2, porte le numéro trente et un.

Des visages féminins surgissent à la mémoire de Pierrette à la faveur de la pénombre. Des voix également. Est-ce cette conversation absurde qui l'a menée ici ? Elle s'en moque. Les visages flous ont cédé la place au sourire de Samuel. Il la dévêt avec la même concentration qu'il employait à écrire et quand leurs peaux se trouvent, elle sait une nouvelle fois en cette drôle de journée qu'elle est à sa place.

Au réveil, elle se souvient qu'elle a pris le train pour Venise et n'est pas étonnée de se retrouver ainsi enroulée autour d'un quasi-inconnu. Elle se détache tout doucement de Samuel et l'observe comme elle a pu le faire au wagon-restaurant. Abandonné au sommeil, il semble également présent à lui-même, absent à l'agitation du monde.

La lumière du jour éclaire vaguement le compartiment qui lui semble familier.

Pierrette sait que leurs routes divergeront sans doute à Santa Lucia, mais n'en ressent aucun vertige. Elle qui abhorre les séparations ne redoute nullement celle qui se présente.

Elle écarte délicatement le drap qui les recouvre tous les deux. Les orteils de Samuel frissonnent bientôt sous ses lèvres, puis ses chevilles et le creux de ses genoux. Là, deux mains lui font remonter un corps noueux jusqu'à la bouche dont elle a admiré le dessin hier.

L'étreinte est délicieuse.

Pierrette ne pense pas à Samuel. Pierrette ne pense à rien, elle est. Elle est Pierrette dans les bras de Samuel. Elle est aussi Samuel enveloppant Pierrette. Elle est le drap froissé sous les corps emmêlés, et Venise aussi, qui se rapproche de la couche des amants. Pierrette n'a plus de contours, pas de début ni de fin. Elle est le jour qui se lève sur la lagune et le bonheur qui emplit le compartiment.

La voix de Samuel la surprend.

« Dire que je ne faisais qu'écrire dans les trains ! »

Ils rient de ce qui s'apparente presque à une blague de potache. Leurs rires se mêlent et reprennent la danse que les corps ont cessée.

« Quand nos corps se seront éloignés, que notre rire se sera calmé, la pensée jettera peut-être un pont entre nous…, poursuit Samuel.

– Peut-être, sûrement… Tu ne pensais pas si bien dire en expliquant que le voyage en train transforme !

– Tu sais, Pierrette ? je vais essayer de prendre le quotidien comme un train ! Peut-être t'y rencontrerai-je à nouveau ?

– Qui sait ? Chut ! N'y pense pas. Tu verras… Nous verrons.

– C'est que, vois-tu, je n'ai pas ta faculté de concentration sur le présent ! Cette aptitude des enfants à ne jamais ressasser le passé ou anticiper l'avenir.

– Je pensais précisément hier soir en t'observant écrire que tu leur ressemblais, aux enfants. Tu te juges mal !

– On a toujours tort de juger.

– Je me juge en permanence… et je me trompe donc tout le temps ! Enfin, il en fut ainsi jusqu'à hier !

– La fameuse transformation par le train… Sais-tu que j'ai du mal à imaginer la vie après ce voyage, en dehors de notre compartiment ?

– Qu'avais-tu prévu ?

– J'avais très envie d'un *latte macchiato* au comptoir d'un café, en toute tranquillité. C'était il y a bien longtemps.

– Eh bien, tu vas aller commander ton lait et le savourer, taché de sa goutte de café. Tu sauras que je suis quelque part dans la ville et que je souris en songeant à notre voyage. Si tu choisis alors de sourire toi aussi, notre journée aura bien commencé.

– Elle a déjà bien commencé !

– Oui, mais il faut nourrir ce début. Tu vas t'y employer ? Tu me le promets ? »

Comme Samuel s'apprête à répondre, il est bâillonné par la bouche de Pierrette qui murmure :

« Chut ! Ne parle pas, fais-le s'il te plaît… »

Ses paroles se muent en baiser, puis redeviennent des mots.

« Merci pour ton accueil, Samuel, merci de toi. »

Le train arrive à Santa Lucia. Elle ramasse ses quelques affaires et quitte le compartiment. Comme Samuel se demande s'il n'a pas rêvé, la tête de Pierrette s'encadre dans la fenêtre. Elle lui envoie un baiser léger et pose très doucement les doigts d'une main sur la vitre. Samuel fait de même. Un petit morceau d'éternité en profite pour passer.

Il quitte à son tour ce qui fut leur embarcation et se lance dans cette ville d'eau qu'il aime tant. Quand le *latte macchiato* est posé devant lui, il se surprend à le boire sans sucre, apprécie sa très légère amertume, sourit et sort son carnet. Prendre la vie comme un train, voilà qui le tente bien !

Quelques ponts plus loin, assise au bord du canal les pieds ballants, Pierrette contemple les jeux de lumière entre les nuages et leur reflet sur l'eau. Elle se sent légère et forte, pleine d'une insouciante gravité.

Elle songe à son cheminement des dernières heures et se sent pleinement artisane de ce qu'elle vient de vivre. Tout cela ne regarde qu'elle. Elle n'en racontera rien à son retour.

Au-delà de sa belle rencontre avec Samuel, une rencontre plus belle encore a eu lieu : celle de l'enfant qu'elle n'a jamais osé être avec la femme qu'elle est tout juste devenue.

Elle se remet en route sans s'inquiéter de ce qui va suivre. En si belle compagnie, elle n'a qu'à se laisser porter par ses envies et par le rythme si particulier de Venise.

Une seule chose importe : suivre le mouvement imprimé à sa vie.

ÉCHAPPÉE BELLE

Sous la lampe en verre dépoli, Suzanne frotte avec ardeur un saladier ébréché sans savoir si elle l'emportera dans ses valises. La petite pendule murale indique encore l'heure d'hiver ; on la réglera là-bas, lui a dit son fils avec un rien d'énervement dans la voix. À la nouvelle heure, il sera bientôt minuit. La vieille dame est fatiguée, mais ne songe pas à aller se coucher.

Elle range sa cuisine comme elle a rangé sa chambre et rangera son salon si elle en a la force. Plus qu'elle ne range, elle inspecte, déplaçant un objet de quelques centimètres seulement, pour le plaisir de le toucher, de lui imprimer encore un mouvement dans cet espace qui fera bientôt partie du passé.

Son fils a insisté pour l'aider. « Il faut tout de même en finir », a-t-il déclaré sans méchanceté. Elle sait qu'il est ainsi, dénué de sensibilité au point de devenir brutal. Elle en rirait si la situation ne l'inquiétait pas un peu.

Sa belle-fille lui a répété qu'il faudra aller se coucher quand ils seront partis. Ils passeront la prendre demain matin. Elle n'a à se préoccuper de rien.

La remarque a glissé sur elle qui acquiesçait, faussement docile, ayant depuis longtemps compris qu'il ne servait à rien de résister à cette femme.

Elle la revoit le soir où elle est entrée pour la première fois dans l'appartement. François n'était alors qu'un gosse et s'était entiché de ses airs de dame avant l'heure. Des années plus tard, Suzanne ne lui trouve toujours pas le moindre charme. Cela n'a aucune importance.

Quand elle a accepté la proposition de François, elle était lasse et presque indifférente à ce lieu qu'elle ne voyait plus vraiment, comme on ne regarde parfois plus guère un être devenu trop familier. Tout juste aurait-elle pu décrire le papier peint de sa chambre ou la tablette de son chevet.

Il en va tout autrement à présent. En préparant des cartons, en triant tant de vieilles affaires, elle a exhumé des pans de vie et ravivé des souvenirs. Ankylosés par trop d'années de repos forcé, ils fuient désormais l'oubli dans une danse éperdue. Suzanne sait qu'il serait vain de vouloir les contenir.

De la boîte à chapeaux défraîchie s'est échappée la mélodie d'ouverture du bal de ses noces, qui n'en finit plus de répondre au métronome posé dans l'entrée sur le piano désaccordé. Aucune cacophonie n'en résulte dans son petit appartement, mais un dialogue entre deux amis émus de se retrouver après un long silence.

Suzanne esquisse un pas de valse malhabile, puis ses mains, faute de s'agripper à la taille d'un cavalier, caressent le rabat du piano, le relèvent et effleurent les touches.

Elle jurerait que le bel instrument frétille à cette marque d'attention. Tant d'indifférence a passé sur lui depuis ces joyeuses soirées musicales que seule l'aube savait interrompre !

Son regard accroche alors l'immense boîte retrouvée dans l'après-midi. Elle hésite à l'ouvrir. Plonger dans un siècle d'images est un exercice dont on ne sort pas indemne ; les photos, comme les lettres, ont le don de vous faire remonter le temps et on ne sait jamais quand ni dans quel état on revient d'un tel voyage.

Plus tard peut-être, tout à l'heure, quand tu auras bouclé tes préparatifs, lui conseille sagement la pendule qui trône dans le salon. Qui trône ?! Suzanne est étonnée de la trouver soudain si majestueuse, qui l'avait presque gommée de son paysage !

Si ses souvenirs sont bons, la pendule est arrivée ici en même temps qu'elle, Charles et sa maman ; puis François est venu. Trois générations ont ainsi cohabité pendant plusieurs années. Elle sourit ; plus personne ne ferait cela. Les temps changent.

Elle a déjà eu cette pensée un peu plus tôt. En rassemblant les flacons épars sur les étagères de la salle de bains, elle a observé longuement la baignoire sabot en décalage avec le standard de confort actuel et l'image très nette lui est revenue de François, ravi d'y prendre son premier bain après quelques années spartiates de toilette sous la douche.

À l'époque de ce premier bain de François – mais peut-elle se fier à sa mémoire ? –, elle lui avait acheté un album du Père Castor, *Poule Rousse*, sur lequel elle a remis la main ce matin, en vidant l'étagère du réduit situé sur le palier. En relisant cet album aux pages jaunies, elle a éprouvé une peur surgie du passé, quand Renard s'introduit chez Poule Rousse qui ignore tout du danger. Puis, quand la tourterelle vient s'installer chez son amie après l'avoir sauvée, elle a ressenti le même soulagement que lorsqu'elle lisait ce passage à son enfant. À moins que le souvenir remonte aux lectures qui lui avaient été faites de cette même histoire, quelque quatre-vingt-dix ans plus tôt ?

Les images sont nettes, ça oui, mais le contexte est flou. D'ailleurs, elle en est certaine à présent, ce n'est pas François, mais bien elle, Suzanne, âgée de vingt-quatre ans à peine, qui a découvert avec délice le bain dans la petite baignoire sabot ! François, pour être né ici, l'a toujours connu et ne s'en est jamais ému.

Quelle confusion dans son esprit ! Sa mémoire stimulée par les préparatifs de départ s'amuse d'elle. Suzanne regrette d'avoir dit oui à son fils. Elle a toute sa tête, certes, mais combien de temps cela va-t-il durer si les images du passé ne sont plus là pour stimuler ses méninges ? Ne meurt-on pas d'être déraciné à l'hiver de sa vie ?

Pourquoi avoir cédé aux arguments de son fils et de sa belle-fille, selon lesquels elle ne peut rester seule à Paris dans son petit appartement que deux étages séparent du reste du monde ? Elle s'est laissé arracher un accord, et la voici catapultée dans l'inconnu tandis que le siècle la guette. Faut-il être naïve pour se laisser influencer de la sorte ?

Ainsi songe Suzanne quand son regard est attiré par le lampadaire du salon, qui sourit dans son coin. La vieille dame est vexée. Se moque-t-il de son mauvais choix guidé par la frilosité ou s'amuse-t-il de son désarroi ? Rien de tout cela ; le lampadaire cherche en réalité à la guider. Son abat-jour de guingois semble se pencher avec tendresse sur l'empreinte laissée par Charles dans le fauteuil au cuir râpé. Charles ! Quelle mouche l'a piqué de s'envoler ainsi, un beau soir d'automne, alors que commençait la pleine saison des champignons ? Son chagrin d'alors paraît étrangement vivant à Suzanne, tout comme la tentation qu'elle avait eue à l'époque de courir le noyer dans l'eau glauque du canal.

Son attention est détournée par une boule de poils dépassant du coffre en bois : que fait donc là le doudou de François et quelle tête fera le garçon en se rendant compte qu'il l'a oublié ? Tout grand qu'il est, il n'en est pas moins sentimental.

Suzanne secoue la tête et reprend son rangement avec entrain. Charles ne va plus tarder, c'est son heure et quand elle entendra son pas énergique dans l'escalier, elle courra lui ouvrir la porte.

Sans doute froncera-t-il les sourcils à la vue de tous les bagages restant à boucler, mais elle se jettera à son cou et il ravalera ses reproches naissants dans un baiser.

Pourquoi d'ailleurs n'est-il pas déjà rentré ? Il aura fait un crochet par la pâtisserie pour en rapporter le *semifreddo* dont elle raffole… Adorable bonhomme ! À tout petits pas, elle gagne la cuisine et y cherche du regard une bouteille de vin doux à mettre au frais. Le casier est vide. Bien sûr, elle part demain… Qu'à cela ne tienne, elle ira à la rencontre de son homme et au retour, bras dessus bras dessous, ils trouveront leur bonheur dans une échoppe, en bordure du canal.

D'un pas toujours mal assuré mais plein d'une énergie nouvelle, Suzanne va prendre dans sa chambre, sur la commode aux tiroirs vides qui déborde de bienveillance silencieuse, le petit chapeau à voilette retrouvé quelques heures plus tôt par François.

Elle le pose tranquillement sur sa tête, sourit en se trouvant jolie dans le miroir qui nourrit son reflet depuis soixante-dix ans et se dirige vers la porte après s'être enveloppée de son châle en mohair reprisé.

Elle se ravise, retourne jusqu'au secrétaire qui veille sur des décennies d'échanges épistolaires et en baisse l'abattant pour saisir une feuille et un stylo. De son écriture tremblante mais légère, elle griffonne ces quelques mots : *Suis déjà partie avec Charles, vous retrouvons là-bas, Suzanne.*

À présent, sa main à la peau diaphane, mangée par les veines bleutées, est posée sur la poignée. Son regard balaie ce lieu de tant de vie, reconnaissant. La porte est ouverte. Suzanne en franchit le seuil et la referme d'un claquement sec, laissant tomber le court message sur le paillasson. Elle sourit en songeant que ses enfants devront utiliser pour entrer la clef qu'ils ont toujours nié posséder et s'enfonce doucement dans la pénombre de l'escalier.

Surtout, ne pas glisser. Ce serait trop bête de s'étaler en travers des marches et de devoir attendre ainsi Charles et le gâteau. Lui revient en mémoire cette fois où il avait glissé dans la baignoire. Elle s'était précipitée à son cri, mais n'était pas parvenue à le relever, et un véritable fou rire s'était emparé d'elle, aussitôt transmis à Charles. François les avait trouvés riant aux larmes, son père affalé dans la baignoire et elle accoudée à son rebord. Non, décidément, ce soir, elle ne doit pas tomber.

Sa main lâche la rampe, et la voici dans la cour où règne le silence. Là-haut, la petite lampe de la cuisine semble lui sourire dans la nuit. Quelques pas encore, et c'est la rue qu'éclaire la pleine lune. Quelle belle soirée pour retrouver mon homme, pense Suzanne qui s'élance vers les quais.

PIEDS NUS SUR L'ASPHALTE

PAULINE SAISIT RAPHAËL PAR LES POIGNETS et lui fit faire une galipette forcée. Le petit garçon, qui avait pourtant tout fait pour provoquer la colère de sa mère, fut désemparé. Il frotta son poignet gauche pour signifier que le geste l'avait désobligé.

Pauline, effrayée par sa propre violence, se réfugia dans le salon. « Calme-toi ! » lui intima presque tendrement son compagnon en essayant de la prendre dans ses bras. Pauline se dégagea : « Laisse-moi ! Je n'existe pas dans cette maison… Je n'y ai aucune place ! »

Passant la tête dans la chambre où son fils l'accueillit avec un regard interrogateur, elle lança : « Raphaël ! Dors ou ne dors pas, peu m'importe, je sors ! Papa reste là. »

Trente secondes plus tard, elle boutonnait sa veste en arpentant le canal à grandes enjambées.

Elle aurait aimé pleurer, mais la rage barrait encore la voie au chagrin.

Déjà, le ciel gris et l'air doux l'invitaient au calme dont elle n'avait pas voulu. Elle s'assit en tailleur sur le rebord du quai. Les mouettes jouant avec les risées lui rappelèrent la mer de son enfance.

Une scène jaillit à sa mémoire, fort ancienne. Elle devait avoir cinq ans à l'époque. Théo, son aîné de deux ans, venait d'atteindre l'âge de raison, disait-on, ce qui expliquait en partie le cours pris par les choses ce jour-là.

Pauline s'immobilisa totalement jusqu'à cesser de respirer. Elle n'était plus ni chez elle au cœur de la tourmente, ni en bordure de canal, mais dans la ville de son enfance, la main dans celle de son frère, non loin de leur appartement familial. Sa respiration reprit, plus ample.

Théo avançait à grands pas, Pauline peinait à le suivre. Elle sentait que l'heure était assez grave sans qu'elle en rajoutât et faisait de son mieux pour ne pas ralentir son frère.

La semelle en cuir de ses chaussons laissait la plante de ses pieds lire le relief du sol ; tout à l'heure les gravillons du chemin de terre, à présent le ruban lisse de la route asphaltée.

Sous son bras, l'ours Michka balançait sa tête au rythme des pas des enfants.

Pauline percevait à présent – une trentaine d'années plus tard – non seulement ses sentiments d'alors, mais également ceux de son compagnon de peluche !

Jamais encore il n'avait quitté l'appartement familial en leur seule compagnie. Un parent au moins les accompagnait toujours.

Michka n'en concevait aucune crainte, tout juste de la surprise. Cette escapade à trois lui plaisait plutôt. Les parents ne l'avaient jamais pris trop au sérieux et lui manquaient souvent d'égards en l'absence des petits. Il n'était pas rare qu'il se retrouvât tête en bas ou enfoui sous les coussins du lit.

Pauline se rendit compte qu'elle avait également accès aux pensées de Théo.

Le garçon sentait que sa petite sœur fatiguait, mais attendait encore un peu avant de lui proposer de la porter. Outre que son poids serait excessif pour lui avant le terme de leur périple, il espérait qu'elle se concentrerait suffisamment sur l'effort pour oublier un peu ce qui avait causé leur départ.

Pauline n'était pas inquiète. Dans cette situation extraordinaire, elle s'en remettait à son frère, tenant sa main bien serrée. Elle ne se souciait pas même de leur destination. En revanche, elle se demandait pourquoi Théo n'avait pas mis ses chaussures.

L'ours avait bien remarqué que la petite portait ses chaussons tandis que le grand était parti pieds nus, mais il avait attribué cela à l'absence des parents. Lui-même n'allait-il pas toujours sans souliers ? Il tenait par ailleurs de son grand-père, un gros ours brun qu'il avait beaucoup écouté avant que leurs chemins se séparent, que certains hommes, dans de lointaines contrées, allaient ainsi, sans autre semelle que la plante calleuse de leurs pieds. Sans doute était-ce une marotte toute locale que d'empaqueter ceux des enfants.

Sur le coup, la seule réalité avait été pour Théo l'urgence du départ. Il n'avait pas réfléchi, avait saisi la main libre de Pauline, celle qui ne tenait pas Michka, et s'était dirigé vers la porte d'entrée.

De l'autre côté, le long couloir les attendait, qui les avait menés tout droit à l'escalier. Le contact avec le dallage froid l'avait alerté et il s'était alors rendu compte de son oubli, sans pour autant faire marche arrière pour y remédier.

Après avoir souffert un peu sur le chemin de terre, il avait appris à s'alléger de sorte que la plante de ses pieds n'était plus douloureuse. La chaleur dégagée par l'asphalte lui apportait même un certain réconfort.

Pauline demanda de sa petite voix si on pouvait chanter. Elle apprenait à l'école une quantité de chansonnettes et il n'était pas rare qu'elle en entonnât toute seule. Parfois, elle chantait à tue-tête, avec l'enthousiasme des enfants qui fait parfois croire aux adultes qu'ils sont bruyants, et il arrivait alors que son papa le lui reprochât sans douceur. Jamais cela ne l'avait dissuadée de chanter, mais en la circonstance, elle n'osa pas et chercha l'aval de son frère.

Michka applaudit la demande de sa jeune maîtresse ; il adorait sa voix fluette et énergique qui égrenait avec une extrême justesse les notes et les mots simples des comptines. Il était aussi sous le charme de l'intonation toujours joyeuse de sa voix. Quand Pauline était triste, elle ne chantait pas. Elle prenait alors l'ours sur ses genoux et le caressait en lui parlant tout bas. Soit qu'elle lui racontât le pourquoi de son chagrin ou qu'elle l'entretînt de tout autre chose, jamais elle ne chantait. Il avait beau aimer les caresses de la petite fille, ses chuchotements le rendaient rapidement mélancolique.

Théo n'appréciait pas toujours quant à lui l'inspiration musicale de sa sœur. Il s'agaçait du côté répétitif de l'exercice. Et puis, du haut de ses sept ans, il trouvait son répertoire puéril. Mais ce jour-là, en exil avec sa petite protégée, il fut réconforté à la perspective de l'entendre!

Pauline n'en crut pas ses oreilles lorsque son frère l'encouragea: «Vas-y, p'tite sœur, chante! Chante de tout ton cœur...» Elle fut si gaie qu'elle entonna *Un kilomètre à pied, ça use-euh, ça use-euh, un kilomètre à pied, ça use les souliers!*

Elle s'arrêta net, rouge de confusion: Théo détestait cette rengaine, comment avait-elle pu l'oublier? Dans sa main, Michka se raidit, craignant le pire. À leur immense surprise, le garçon poursuivit: «*Deux kilomètres à pied, ça use-euh, ça use-euh...* Que se passe-t-il, Pauline? Tu t'arrêtes déjà? Ne me dis pas que tu es fatiguée au bout d'un petit kilomètre!» Et il rit de bon cœur. Les rires de l'ours et de la fillette firent écho au sien, et la chanson reprit de plus belle.

Au kilomètre douze, Pauline pensa qu'elle n'avait sans doute jamais marché si loin de la maison. Elle eut subitement soif, mais n'en fit pas part à son frère dont elle serra un peu plus fort la main. S'il avait rebroussé chemin, elle eût été contente.

Michka sentait les réticences de la petite fille et s'en attristait sans bien les comprendre. Il faisait beau, l'air était doux et Théo d'une charmante humeur; les parents en outre n'étaient pas là pour reprendre le trio sur ses soi-disant bêtises… alors, quoi ? Tout de même, si Pauline était un tant soit peu inquiète, il voulait bien rentrer.

Mais Théo ne l'entendait pas ainsi. Il continuait sur sa lancée, à l'aise sur ce petit trottoir, le long de cette rue sinueuse qui serpentait entre les villas cossues. Bientôt, ils atteindraient le jardin public et sa fontaine. Pauline devait être fatiguée.

« Si tu le souhaites, proposa-t-il, je peux te porter jusqu'au Jardin de Papy. Là, nous pourrons boire un peu et nous reposer avant de repartir. »

Papy… Elle aurait aimé se serrer contre lui ! Où était-il à présent ? Au jardin, avec une gourde de lait et des tartines beurrées, comme à la sortie de l'école ? Certainement pas ! Il n'y avait pas d'école aujourd'hui et c'était une journée bizarre, pas de celles où votre grand-père vous prépare un goûter !

Papy, la personne au monde qui l'aimait telle qu'elle était. De Papy, elle pouvait, juchée à califourchon sur ses genoux, tresser les trois cheveux qui lui restaient sans qu'il s'agace. Chez lui, dans sa chambre, il y avait ce Musée Pauline plein de dessins d'elle et de trésors – comme il appelait les babioles qu'elle lui confiait. Il interdisait à Mamy d'y faire le ménage.

Ah… Papy ! Requinquée, elle s'entendit répondre bravement : « Merci Théo, je vais marcher encore un peu et puis je te dirai si je suis fatiguée. »

Michka n'avait eu qu'une fois le privilège de se rendre au jardin public, mais en avait conservé un souvenir très précis. La joie de Pauline assise sur un banc aux côtés de son grand-père et l'air radieux de ce dernier s'étaient gravés dans sa mémoire.

Il se réjouissait d'y retourner.

Les pieds de Théo recommençaient à le faire souffrir et il se demanda ce qu'il ferait si une connaissance venait à passer en voiture et leur proposait de les déposer. Il avait bien en tête la consigne mille fois répétée de ne jamais suivre quiconque sans y avoir été autorisé par les parents, mais s'il y avait un jour où transgresser les interdits, c'était bien celui-ci ! La question était plutôt de savoir où il aurait souhaité qu'on les déposât. La réponse fut immédiate : chez ses grands-parents, pardi ! C'est là que le garçon comptait trouver refuge.

Un bout de chemin resterait donc encore à parcourir après le jardin, tout en montée en plus. Théo ne savait plus s'il avait bien fait d'entraîner ainsi sa sœur et son ours.

Pauline sentit l'inquiétude de son aîné, car elle déclara : « Tu sais, je suis habituée à revenir du jardin à la maison de Papy, après l'école. Je connais même la route, qui n'est pas très longue ! »

Michka fut ébahi par tant de délicatesse et songea que les petites filles étaient décidément des êtres extraordinaires.

Un peu surpris qu'elle ait deviné le terme de leur voyage, Théo se dit qu'il mettrait ses chaussures la prochaine fois mais qu'en attendant, il ne lui restait plus qu'à marcher aux côtés de sa courageuse cadette.

Comme prévu, ils firent halte au jardin, se désaltérèrent à sa fontaine – une de ces fontaines disparues ou condamnées depuis, que l'on actionnait par une poignée latérale ronde – puis se remirent en route.

La pente les attendait bel et bien, et les mots se firent rares. Pauline, qui ne lâchait pas la main de Théo, compara cette dernière au souvenir qu'elle avait de celle de Papy. Plus petite et d'une autre texture, elle était douce également mais d'une autre douceur. Elle crut entendre son grand-père prononcer l'expression si familière : « petite main dans grande main », mais non, seuls les pas résonnaient dans le silence imposé par l'effort.

L'ours était aux anges et souhaitait que ce moment durât toujours. Il se doutait bien que les parents reviendraient à un moment ou un autre, et avec eux les chaussures de Théo, mais préférait n'y pas songer.

Le garçon, quant à lui, commençait à s'apaiser et reprenait confiance au fur et à mesure que s'estompait ce sentiment étrange qui avait motivé son élan de fuite.

Au bout de l'allée qui quittait la route, il y avait la maison de Papy et Mamy, Pauline pensa qu'avec un peu de chance, son grand-père aurait acheté les biscuits au chocolat qu'elle aimait tant – « C'est trop bon ! » s'exclamait-elle à chaque fois, la bouche pleine, tandis que Papy expliquait que rien n'était jamais trop bon.

L'ours fut le premier à entendre le ronflement du moteur. Bientôt, on vit apparaître la petite voiture blanche que Mamy conduisait avec tant d'énergie, comme si elle avait vingt ans. Tout en redoutant la réaction de sa grand-mère, Théo fut soulagé à l'idée de pouvoir s'en remettre à elle et de n'être plus l'homme de la situation !

Mamy les croisa sans les voir, mais son œil avait dû enregistrer leur image car elle fit faire marche arrière à la Dyane 6 blanche qui pila net à leur niveau : « Théo, Pauline et Michka, que faites-vous donc là ? »

Soucieuse de fournir une raison valable à cet adulte qui aurait bien pu bien se mettre en colère, Pauline avança aussitôt :

« On est venus manger des biscuits au chocolat !

– Des biscuits au chocolat ? Et c'était si urgent que tu es parti sans mettre de chaussures, Théo ? »

Michka songea que si Mamy était par certains côtés une enfant – elle le saluait dès qu'elle le voyait –, elle était bel et bien une adulte par ailleurs, comme l'attestait sa réaction devant les pieds nus du garçon.

Ce dernier, désireux à son tour d'éviter le courroux de son aïeule, choisit de fournir la meilleure raison qui fût, la simple vérité, la sienne en tout cas.

« Mamy, je n'ai pas pensé à les mettre. Papa et Maman se disputaient si fort en faisant tant de bruit que nous n'avions plus d'endroit où aller dans la maison ! Comme nous avions envie de paix, j'ai ouvert la porte et nous sommes partis…

– Mais vos parents n'ont rien dit ?!

– Je te dis, Mamy, qu'ils se disputaient très fort en faisant beaucoup de bruit. Je crois bien qu'on n'existait plus du tout pour eux… D'ailleurs, ils n'ont pas vu que nous partions.

– Mais ils doivent bien s'en être rendu compte à présent et ils doivent être fous d'inquiétude, Théo !

– Oui, peut-être, mais j'm'en moque ! Tout à l'heure, ils étaient fous de rage et n'écoutaient pas du tout quand on leur a dit, avec Pauline, de s'arrêter parce qu'on avait peur !

– Bon, bon, d'accord Théo, n'en parlons plus. Montez les enfants, nous allons leur téléphoner de la maison. »

Papy avait eu une drôle de réaction, se souvenait Pauline. C'était un homme inquiet que les conflits angoissaient. Il avait laissé échapper un juron et enfilé sur son visage d'ordinaire souriant un masque de dureté, après quoi il avait tourné les talons et disparu dans sa chambre. Heureusement, il n'avait pas tardé à en sortir pour y entraîner les enfants et l'ours, un air mi-contrit, mi-malicieux accroché à sa face si sévère l'instant d'avant : « Comme c'est dommage que je n'aie pas su que vous veniez, je serais allé vous acheter des biscuits ! Là, il n'y en a plus ! »

Son inquiétude passée, Pauline s'était exclamée : « J'ai vu ton air ! » avant de se ruer sur la table de chevet et d'en sortir un paquet de biscuits tout neuf qu'elle brandit victorieusement.

Michka pensa que les grands-pères étaient décidément une précieuse engeance, et la nostalgie le gagna : « Pourvu, songea-t-il, que Grand Ours mène une vie douce au sein d'une famille sans histoires ! »

Avant le goûter, pendant que Papy préparait le chocolat chaud à base de poudre de cacao dont il avait le secret, Théo avait eu droit à un bain de pieds. Mamy lui avait enfilé d'autorité une paire de grosses chaussettes rouges qu'elle portait en randonnée et qui lui donnèrent l'allure d'un clown perdu dans ses souliers trop grands.

C'est dans ce contexte de bonne humeur qu'étaient arrivés les parents, pas fâchés du tout. Ils avaient sans doute décidé de cacher leurs scrupules désormais inutiles derrière un air jovial.

« Eh bien, les enfants, on fugue ? » avait lancé Papa en passant sa main dans les cheveux de Théo. Un regard noir fut la seule réponse à cette question, et l'on avait décidé tacitement de passer à autre chose.

Pauline n'avait plus jamais pensé, croyait-elle, à cette escapade.

En réalité, elle l'avait inscrite en toile de fond de son existence et avait construit son être sur cette peur de ne pas exister, que Théo seul avait exprimée mais qu'eux deux avaient ressentie.

Elle étira ses jambes au-dessus de l'eau et se frotta les yeux en bâillant.

Trois canards passèrent, et elle pensa : « Ils passent devant moi, donc je suis. Non, c'est faux. Je les vois qui passent devant moi, donc je suis… Enfin, peu importe qu'ils passent ici ou ailleurs et que je sois ou non témoin de leur passage, puisque je suis ! » Et elle rit.

De ses deux mains, elle fit mine d'extirper de sa poitrine un objet encombrant. Elle en façonna une petite boule qu'elle jeta d'un geste sec dans le canal, qui l'engloutit aussitôt.

Elle venait de se débarrasser de cette même épouvante qui avait poussé son frère à quitter leur foyer il y avait bien longtemps et qui venait de la jeter hors de chez elle.

Un petit tourbillon se forma là où sa peur avait troué l'eau. Des cercles concentriques ridèrent la surface auparavant étale du canal.

Pauline inspira profondément. Quand les canards disparurent dans la courbe qui menait à l'écluse, elle se leva, légère.

Elle pouvait à présent rentrer chez elle. La perspective de ce retour ne l'inquiétait pas davantage que la trajectoire des palmipèdes. Son existence n'était pas plus subordonnée à cette dernière qu'aux caprices ou sautes d'humeur de ses proches.

La surface de l'eau était redevenue immobile, aussi calme que l'esprit de Pauline qui se demanda comment de simples tensions familiales avaient pu la mettre en danger.

UN INSOLENT NUAGE

Je venais de débarquer quand j'aperçus un minuscule nuage dans le ciel uniformément bleu. C'était la saison sèche au Niger et un vent léger soufflait. Bientôt, il chasserait l'intrus. Tandis que j'attendais en plein soleil que l'on vide les soutes, je remarquai la persistance du petit îlot cotonneux.

Je songeais aux circonstances insolites de ma présence à Niamey quand j'eus la sensation qu'on me regardait avec insistance. Les autres voyageurs semblaient ailleurs, abîmés dans leurs pensées, somnolents ou occupés à bavarder. Aucun d'eux ne se préoccupait de moi. Je levai les yeux et notai que le nuage s'était rapproché, toujours aussi petit et inoffensif.

Ce que mon père m'avait dit à maintes reprises du caractère magique de l'Afrique me revint en mémoire, mais je balayai d'un geste de la main ces idées ridicules ; depuis quand l'être rationnel que j'étais accréditait-il de telles sornettes ?

Les bagages se faisaient attendre et la réverbération du soleil sur le revêtement ébène devenait insupportable. Pas étonnant que je sois en proie à de drôles d'impressions, pensai-je. Avisant un endroit ombragé du tarmac, je quittai le groupe des voyageurs en provenance de Paris pour m'y réfugier. Le nuage m'emboîta le pas. Je zigzaguai pour en avoir le cœur net et il zigzagua aussi. De grosses gouttes perlèrent à mon front.

Comme j'atteignais l'auvent de paille et son ombre bienfaisante, le nuage s'arrêta de sorte que je pus continuer à l'observer de mon abri. À dire vrai, j'eus la sensation inconfortable que c'était moi qui restais dans son champ de vision.

Il me tardait de récupérer mon encombrant bagage, d'accomplir mon devoir et de regagner mes pénates. Je ne me sentais pas à ma place. C'était à mon père, ce sorcier blanc, qu'il incombait de jouer à cache-cache avec un cumulus miniature égaré dans le ciel d'Afrique. Seulement voilà, il venait de mourir et la vie s'amusait à me refiler son rôle. On n'aurait pu trouver registre plus éloigné du mien.

Distrait par ces considérations, qui sait combien de temps je serais ainsi resté à patienter sous mon abri si ma voisine de cabine n'était passée près de moi en traînant son imposante valise ?

En courant vers l'avion, je relevai la tête machinalement et constatai sans grande surprise que la petite masse vaporeuse filait à mes trousses. Elle avait à présent revêtu un gris menaçant.

Au pied de l'avion, je compris que je devrais encore attendre pour récupérer mon bagage ; sa nature exceptionnelle imposait quelques formalités supplémentaires. La direction de l'aéroport s'efforçait évidemment d'écourter mon attente, et l'on me conseilla de rejoindre l'aérogare où je pourrais prendre quelque rafraîchissement en attendant qu'on me contacte. Oui, on avait mon numéro de téléphone.

La perspective d'un liquide frais coulant dans ma gorge n'était pas pour me déplaire et je me dirigeais sourire aux lèvres vers le grand bâtiment vitré lorsque quelques gouttes rebondirent sur le dos de ma main.

Cette fois, je renonçai à lever les yeux, craignant d'apercevoir dans le ciel un sourire malicieux.

Je fus heureux de pénétrer dans le hall, soulagé à l'idée de mettre un toit entre cet étrange compagnon et moi. Je ne me demandais pas même s'il attendrait ou non ma sortie. J'avais simplement besoin de ne plus le voir. La fraîcheur ambiante dissiperait ce cauchemar !

Sans doute somnolai-je sitôt ma bière finie ; je sursautai lorsqu'une vibration me chatouilla la cuisse : « Votre bagage vous attend en zone 2, au bureau de police » affichait l'écran de mon téléphone.

Là, un colosse au large sourire me confirma que tout était en règle, que les services sanitaires avaient apposé leur cachet sur le formulaire ad hoc et qu'on allait m'aider, si je le souhaitais, à rejoindre la zone des taxis. Je le souhaitais et nous nous mîmes en route.

On pouvait voir la station depuis la sortie du grand hall. Juste au-dessus, le nuage se détachait avec insolence sur l'immensité azur.

Quelques véhicules attendaient le chaland, parmi lesquels un taxi-brousse. Escorté d'un géant ressemblant comme un frère à l'affable policier qui m'avait signifié que nous pouvions circuler, ma grande caisse en bois et moi, je m'approchai de lui.

Le conducteur rêvassait. Avant même que j'aie pu le héler, mon porteur le ramena à la réalité en l'apostrophant dans ce que je crus être un dialecte peul. L'homme sursauta sur son siège, se frotta les yeux et dévisagea l'importun qui reprit la parole, plus longuement cette fois. Notre homme observa la volumineuse caisse avant de s'adresser à moi dans un français dénué du moindre accent : « Installez-vous, Monsieur, nous allons charger votre bagage. » Je n'avais pas prononcé un mot, pas même au sujet de ma destination.

Le géant me salua en me souhaitant bonne route et notre véhicule s'éloigna dans un nuage de fumée noire qui me rappela aussitôt celui que j'aurais presque oublié. Il était là, juste au-dessus de nous et je m'étonnai qu'il ait pu caler sa progression sur celle d'un engin à moteur. Une pointe d'admiration s'était glissée dans cette surprise, que j'allais bientôt regretter.

Ma caisse trônait à l'arrière, là où cinq ou six personnes se seraient d'ordinaire entassées, tandis que j'avais pris place à l'avant, à côté du chauffeur. Ce dernier conduisait en silence et à observer ses traits, il m'apparut qu'il ne ressemblait en rien au porteur ou à son jumeau de la police.

Mon père m'avait maintes fois entretenu des différentes ethnies et de leurs morphologies, mais j'avais conservé un souvenir confus de ses explications et ne parvenais pas à situer l'homme. Il choisit cet instant pour s'enquérir d'une voix assurée :

« Vous venez de Paris ? »

Et comme j'acquiesçais :

« Vous en avez l'allure et l'accent.

– Vous-même, de quelle région du Niger venez-vous ?

– Je ne viens pas du Niger. Je suis originaire du Mali, comme beaucoup de taxis. »

Encouragé par ce semblant de conversation, je lui fis remarquer que je ne lui avais pas dit où je voulais me rendre. Il eut un sourire entendu.

« Vous m'avez immédiatement rappelé quelqu'un. Dès que j'ai su ce que vous transportiez, j'ai compris qu'il fallait vous mener là où allait cet homme, votre père. Et puis, je n'ai qu'à suivre le nuage ! »

Sans même lever les yeux, je le savais à l'aplomb du véhicule. Un sursaut de colère m'anima. On n'allait tout de même pas me faire croire que le souvenir d'un père et le bon vouloir d'une masse nuageuse pouvaient décider de ma trajectoire ! À d'autres, ces histoires de rebouteux ! Me croyait-on né de la dernière pluie ?

Une goutte d'eau me frappa le sommet du crâne, puis une deuxième… une troisième. D'autres suivirent que je ne comptai plus. Mon voisin ne semblait pas concerné par l'averse. Au-delà du fait qu'il n'était pas mouillé, il ne paraissait pas même conscient de ce qui m'arrivait.

« N'avez-vous donc pas remarqué ce qui se passe ?

– Est-ce important pour vous que je l'aie remarqué ? »

Et devant mon air surpris :

« Oui, cela peut-il changer quelque chose au fait que vous êtes mouillé ?

– Il ne s'agit pas de cela ! Mais convenez qu'il est tout simplement impossible qu'il ne pleuve que sur moi !

– Oh… Je vois ! Soit je suis mouillé aussi, soit vous êtes sec, c'est ça ?

– Oui, c'est la seule solution ! »

Un crépitement se fit alors entendre, les gouttes espacées s'étaient transformées en flot continu. J'étais trempé ! Quant à l'homme, il paraissait contrarié à présent.

« Vous l'avez mis en colère, il n'aurait pas fallu !

– Qui donc ? Le nuage peut-être ?!

– Non ! L'esprit du défunt ! »

Je restai muet, en proie à une sourde colère : alors qu'un nuage improbable condensait sa vapeur sur ma tête, j'aurais dû lui réserver un bon accueil sous prétexte qu'il était « mandaté » ?

Le mot fit mouche. La réalité de la situation m'apparut enfin. Mon père venait de mourir et m'avait choisi pour exécuter sa dernière volonté, reposer en paix dans cette terre qui l'avait si bien accueilli de son vivant. Cette terre chérie qui avait vu s'épanouir ses talents de guérisseur et l'avait adopté. Je m'approchais, au terme d'un long voyage, du lieu où j'allais lui donner satisfaction. Puisque j'avais accepté la mission, mieux valait la prendre à cœur et m'y consacrer jusqu'à ce qu'elle fût accomplie.

Il était temps pour moi d'abandonner cette attitude de victime complaisante.

Le chauffeur avait retrouvé son air serein et je sentis une grande paix m'envahir. Le véhicule s'engagea dans un étroit chemin de terre menant au fleuve et nous vîmes bientôt un frêle ponton. Un homme et sa pirogue nous y attendaient.

Lorsque je réglai sa course au chauffeur de taxi, il posa sa longue main sur mon épaule dans un sourire lumineux. Le passeur nous observait en silence.

Cette fois, j'aidai à hisser le cercueil de mon père dans l'embarcation. Ce fut la première fois depuis notre départ que j'en touchai le bois sombre et les larmes affluèrent. Une douce chaleur m'envahit ; toute trace d'humidité avait quitté mes vêtements.

Là-haut dans l'air limpide, le nuage nous avait devancés et flottait de l'autre côté de la rive, tout près du village où mon père allait trouver le repos.

LA DERNIÈRE PARTIE DE SCRABBLE

Une mince barrière de bois protège la petite maison du tumulte du monde.

Dans le jardin laissé en friche vaquent de nombreux chats, deux poules et quelques canards.

Une fenêtre ouverte laisse entrevoir à l'hypothétique passant une vie douce et calme.

D'abord, il y a Victor et ses dix ans. À cette heure où le soleil encore haut perché semble ne jamais devoir se coucher, le garçon fait ses devoirs.

L'enfant a étalé ses affaires sur la grande table que l'on dressera tout à l'heure pour le repas et réfléchit, nez en l'air, sourcils froncés. Soudain, il s'anime dans un cri : « J'ai trouvé, Grand Jules, j'ai trouvé ! » et piquant du nez vers sa feuille tel le cormoran qui a repéré quelque poisson, il se met à griffonner à la hâte.

À peine découvre-t-on l'ancêtre qu'on ne voit plus que lui. C'est qu'il a fière allure du haut de ses cent ans. Assis dans son fauteuil roulant, il reste majestueux. Sa façon de tenir le dos bien droit et de relever le menton, sans doute.

Victor croit son arrière-grand-père éternel. Pas comme Augustine, partie – dit-on pudiquement – l'année de sa naissance. Morte de sa belle mort. Jules avait pleuré pendant plusieurs jours, preuve que la mort d'Augustine n'était pas belle du tout.

L'aïeul est encore là et le sera toujours. Sinon, il serait déjà mort, pense le garçon.

Le centenaire est un sacré personnage, dit-on au bourg où tous le respectent. Communiste de longue date, il a tenu à aller voter aux dernières élections. Il s'est rendu au bureau de vote en chaise roulante, poussé par sa petite-fille tandis que Victor donnait le bras à sa grand-mère, la fille aînée de Jules. Quatre générations réunies autour d'un acte citoyen ! La scène fut immortalisée par le président du bureau, en dehors de toute considération politique, a assuré ce dernier.

Oh, bien sûr, il en est revenu du communisme, mais, comprenez-vous, c'est au parti qu'on rencontrait des amis. Tout juste débarqué en Lorraine depuis son Piémont natal, Jules avait poursuivi sa route vers l'Aube, pour la promesse contenue dans ce nom. Déjà, il s'était entiché de la langue du pays qui lui ouvrait les bras.

Là, il avait élu domicile à la Rivière-de-Corps – tant qu'à faire – et y avait rencontré une fille splendide dont il avait exploré les moindres méandres. Son corps, pour le coup, tenait plus encore du fleuve que de la rivière, avec des affluents, des boucles et des deltas dans lesquels Jules avait pris plaisir à se perdre.

Augustine était le prénom de la fille.

C'est avec Augustine que Jules a découvert le Scrabble. La jeune femme aimait tant les mots qu'elle semblait les caresser en les prononçant. Très vite, l'étranger avait maîtrisé les nuances de sa langue d'adoption et pu naviguer dans le sillage de sa belle sur la grille jonchée de lettres.

À la fin de leur longue vie commune, lorsque la santé d'Augustine avait rendu les escapades difficiles, le jeu était devenu un rendez-vous quotidien, un rituel. Chaque soir, avant de dîner, les vieux amoureux s'offraient une partie : « Julot, un p'tit apéro intello ? » proposait Augustine. Ce surnom lui rappelait le prénom d'origine de son homme.

Augustine était morte et « Julot » avait rejoint le doux nom de Giulio dans l'oubli. Le plateau de jeu aux jetons blanc cassé, triste témoin d'un bonheur révolu, avait été relégué dans la grande armoire du salon.

Des années plus tard, Victor était tombé sur la boîte défraîchie au beau milieu d'une réunion de famille. Un silence gêné avait envahi la pièce, comme si cette découverte était de nature à raviver le chagrin du vieil homme. Mais la voix de ce dernier s'était élevée, puissante et joyeuse : « Oh, petit ! Apporte-moi cette merveille que je t'apprenne à jouer au Scrabble ! »

Dès lors, les deux complices avaient joué chaque soir ou presque.

Les progrès du garçon furent fulgurants. Quant à son professeur, il semblait rajeunir de partie en partie.

C'était une illusion. En réalité, le temps passait et Jules le suivait.

La semaine dernière, un soir qu'on les pressait d'interrompre leur jeu pour passer à table, Jules a refusé : « Vous voyez bien que je ne peux pas manger, je n'ai pas de G ! » a-t-il protesté, paumes tournées vers le ciel en geste d'évidence.

Victor a fait signe à ses parents, interdits, de ne pas insister. Au tour suivant, un G a été pioché et le repas a pu commencer.

L'ancêtre n'a pas renouvelé sa tentative d'évasion de la réalité quotidienne, se pliant de bonne grâce aux figures imposées : manger, mais aussi se laver, s'habiller, se raser, etc.

Pourtant, la tristesse s'est emparée de Victor qui sent que quelque chose en Grand Jules a changé. Seule la partie de Scrabble quotidienne vient dissiper la mélancolie du garçon.

Celle de ce soir est imminente. Grand Jules est heureux, mais fatigué. Son corps est las. Il aimerait s'en affranchir et s'envoler vers un monde où d'autres lettres que K, W, X, Y ou Z vaudraient dix points, un monde merveilleux en forme de gigantesque grille.

Pour cela, il faudrait que Victor, l'adorable Victor, le laisse aller.

L'enfant le rejoint, dispose les chevalets et place sept pions sur le sien. Le vieil homme pioche à son tour, regarde son jeu et murmure :

« Je suis désolé, je déclare forfait.

– Comment ça ? Tu n'as donc pas tiré le J de jouer ?

– Si mon petit, si, mais il me manque le V de vivre !

– Mais je l'ai, moi, le V ! Je te le donne !

– Victor, écoute-moi. Le J de jeu s'efface. Je suis fatigué, mon petit, Augustine m'appelle. Ne me retiens pas, lâche la ficelle… »

L'enfant vient se blottir contre le vieil homme qui l'enveloppe de ses bras noueux. Tous deux restent ainsi un moment, hors du temps. Puis Victor se dégage doucement de l'étreinte, tend les mains en un geste d'offrande et écarte ses dix petits doigts.

Grand Jules laisse sa tête partir en arrière sur le dossier du fauteuil, un sourire apaisé aux lèvres.

Victor tourne la tête vers le chevalet abandonné et n'en croit pas ses yeux : les lettres J-A-R-D-I-N-S attendent en vain qu'on comptabilise un scrabble.

Dehors, les animaux suivent du regard le ballon qui enjambe la barrière en bois et s'envole dans l'éther.

LE PONT D'AUSTERLITZ

J'HABITE UN ENDROIT SPLENDIDE, le plus bel endroit qui soit. Je n'y ai pas toujours vécu, j'ai même mis longtemps à le trouver, mais je peux maintenant assurer que je ne le quitterais pour rien au monde.

J'y suis à ma place. C'est important de la trouver.

Je n'ai pas toujours pensé ainsi, j'estimais que tout pouvait bouger tout le temps et que les hommes étaient faits pour arpenter le monde, comme les bateaux sont faits pour sillonner les mers.

Pourtant, on m'a prévenu très tôt de l'importance de la place des choses. J'étais môme à l'époque et me moquais bien de ce qu'une vieille personne pouvait me dire à ce sujet. Tous les adultes étaient alors de vieilles personnes et leurs préoccupations me laissaient de marbre. La place des choses, tout particulièrement.

Mais j'aimais beaucoup ma grand-mère maternelle et j'ai entendu son message sans même l'avoir écouté.

C'était un message étrange. Ma grand-mère n'était pas maniaque pour deux sous, c'est tout juste si elle était ordonnée ; simplement, elle était convaincue qu'à chaque objet correspondait un lieu précis, qu'il importait de découvrir pour atteindre une certaine vérité.

Aussi, si elle égarait ses lunettes, il ne lui venait jamais à l'esprit qu'elles n'étaient pas bien rangées, ce en quoi elle avait raison puisque souvent les lunettes sont simplement sur la tête, voire le nez, de celui qui les cherche.

Un jour que je m'étonnais de ne pas trouver ma bicyclette sous l'appentis de notre maison de campagne, ma mère m'avait lancé, agacée : « Si seulement tu l'avais remise au bon endroit ! »

Ma grand-mère avait aussitôt répliqué de ce ton d'évidence qui lui allait si bien : « Non, ma fille, la bicyclette de Victor est à sa place mais il ne la connaît pas. »

C'était donc un message étrange que celui de ma grand-mère, auquel j'allais revenir bien des années plus tard.

Pour l'instant, c'était l'enfance, le temps où l'on croit que les grands savent et qu'ils vont nous protéger. On n'écoute pas ce qu'ils disent, bien qu'ils sachent, car de toute façon, ils nous protégeront.

Oui, j'habitais l'enfance et y étais chez moi. Je ne dirai pas que le lieu était confortable, mais il m'accueillait. Un espace m'y était ménagé – pas forcément le mien, mais un espace, en attendant mieux.

Alors, j'ai attendu et j'ai grandi. J'ai donné ma bicyclette à mon petit cousin et commencé à regarder les amies de sa sœur. Je fus amoureux de ma cousine elle-même, pour commencer. Elle était grande, elle sentait bon, et mes yeux arrivaient pile au niveau de ses seins, enfin de ce que je prenais pour des seins mais qui n'en était que la promesse. Et puis, elle m'était interdite ; je fus donc amoureux.

Tout doucement, je sortais de l'enfance, en prenant mon temps.

C'est la mort de ma grand-mère qui a accéléré le mouvement. Sa disparition fut pour moi un véritable abandon. J'étais désormais privé de sa protection.

J'ai perdu ma grand-mère et, un malheur n'arrivant jamais seul, j'ai gagné des boutons, preuve que je n'étais plus un enfant mais un adolescent en pointillé.

Tout est ensuite allé très vite, trop vite. Je n'avais pas plus tôt perdu mes boutons que j'ai trouvé des filles et suis devenu un homme… Celle que j'ai épousée a fait de moi son homme. Tout allait pour le mieux dans le meilleur des mondes, tout semblait à sa place. C'était un leurre.

Je croyais encore que les adultes, dont j'étais, protégeaient les enfants. J'en avais trois de la femme dont j'étais devenu l'homme et m'attachais à prendre soin d'eux, histoire de donner un sens à ma vie, comme on dit.

Un après-midi d'hiver, le petit dernier était dans mes bras. Il venait de neiger et nous traversions le pont d'Austerlitz quand le ciel s'est subitement dégagé. Un nuage en retard lâcha alors ses derniers flocons qui étincelèrent comme autant de minuscules diamants. Le spectacle fut féérique, les passants s'étaient immobilisés en retenant leur souffle et je sentais l'émerveillement de l'enfant à la consistance que son corps avait prise contre le mien. J'étais bien, partageant avec un être aimé un moment simple et beau.

Quand le spectacle cessa, la petite voix claire retentit, implorante et confiante à la fois : « Oh, dis Papa, encore ! » et ces mots me terrassèrent. La mort de ma grand-mère m'avait catapulté hors du monde des enfants et la phrase de mon fils me chassa de celui des grandes personnes. Quelle légitimité y aurais-je eue dès lors que je n'étais pas à la hauteur des attentes de mon benjamin ?

Ma réaction fut immédiate et sans appel, excessive aussi sans doute. Je quittais dans la semaine le domicile familial, un bel appartement parisien dont nous étions propriétaires et qui m'était devenu étranger. Peu après, c'est du métier qui me permettait de nourrir cinq bouches que je m'affranchis. J'avais travaillé une dizaine d'années dans l'industrie automobile, de sorte que je pus laisser à la mère de mes enfants de quoi les élever quelques temps sans difficultés. L'absence de conflit ou d'inconfort matériel, conjuguée à l'évaporation du lien amoureux, rendit la séparation aisée.

Il n'en fut pas de même avec les enfants. Il me semblait arracher une part de moi-même en les quittant, mais je sentais que la réalité était autre et qu'il n'aurait servi à rien que je reste auprès d'eux. Plus personne ne devait servir à justifier ma présence ici-bas. Pour mieux m'enraciner, je devais m'isoler, m'exiler.

Je parcourus donc le vaste monde ; quoi de plus naturel pour un être de la Beat Generation, à qui William S. Burroughs et Jack Kerouac avaient montré la voie ? Je m'enivrais de me sentir partout à ma place, c'est-à-dire nulle part. Je passais quelques jours dans un endroit avant d'en disparaître subitement, certain que personne ne s'inquiéterait, pas même la femme dont j'avais aimé le corps la veille ou le compagnon de jeu de quelque nuit de dérive. Il eût fallu que je commette un meurtre pour qu'on daignât se lancer à ma recherche.

Les seuls points fixes de mon existence hasardeuse furent les bureaux de poste, par centaines. J'en connais dans chaque coin de la terre où je suis allé traîner mes guêtres ;

certains immenses comme à Manhattan, d'autres minuscules, réduits parfois à un guichet improbable. Dans un patelin du Nouveau-Mexique, le préposé disparut alors qu'il me servait, happé par l'annonce d'un train ; il était également garde-barrière.

J'ai figé chacun de ces lieux dans ma mémoire, imprimé sur ma seule rétine d'abord, sur la pellicule d'un Leica ensuite, dont j'avais fait l'acquisition à Vienne des mains d'un baryton qui me faisait travailler les *Lieder* de Schumann. Car j'ai chanté et chante toujours. Le chant est un acte qui nous ancre dans le sol au plus profond et nous relie dans le même temps aux racines du ciel. Celui qui chante est toujours à sa place, pour revenir à cette notion qui m'est chère.

À chacun de ces endroits correspond un message adressé aux miens, à la cellule familiale désertée. En dix ans, à raison d'un message par semaine environ, j'ai sans doute envoyé ainsi cinq cents télégrammes et quelques dizaines de lettres. Celles-ci s'adressaient pour la plupart à mon petit garçon du pont d'Austerlitz, abandonné par un père qu'il prenait pour un démiurge. Au début, je lui faisais des dessins colorés, inspirés par les lieux que je traversais car il n'avait pas encore quatre ans, puis les mots se sont ajoutés aux couleurs pour s'y substituer petit à petit.

Je ne recevais jamais de réponse, ne communiquant jamais d'adresse. En revanche, j'avais convenu de rester vingt-quatre heures à l'endroit d'où j'envoyais un télégramme, de sorte qu'il fût possible de me joindre en cas d'absolue nécessité. C'est ainsi qu'un message m'a cueilli un beau matin, au bureau de poste palermitain où je passais par pur acquit de conscience, convaincu par dix ans de silence de n'y rien trouver. Il me vint précisément de mon petit dernier, entré dans sa quatorzième année, qui m'apprenait la mort du plus jeune de mes oncles. Ce frère de mon père me léguait divers ustensiles de cuisine qu'il tenait de ma grand-mère maternelle. Leur liste exhaustive figurait d'ailleurs dans le télégramme en provenance de Paris !

Je fus stupéfait. J'ignore d'ailleurs ce qui me parut le plus extraordinaire : qu'un fouet à pâtisserie, un hachoir, un mortier et son pilon fussent passés de la branche maternelle à la famille de mon père ? Que mon oncle eût jugé bon de me les transmettre en tirant sa révérence ? Ou que mon fils, tout juste engagé dans le sombre couloir qui mène de l'enfance à l'âge adulte, prît la peine d'informer un père absent de cette conjonction d'événements improbables ? Ou encore, que je fusse de retour sur mon continent d'origine, plus près des miens que je ne l'avais été au cours des dix dernières années, précisément au moment de leur appel ? Car je vis là un véritable appel.

J'y répondis sans la moindre hésitation. J'embarquai le soir même à bord d'un bateau pour la péninsule italienne, puis d'un train pour Paris. Ma tribu vivait toujours dans « notre » appartement. Les retrouvailles furent douces. Ce fut l'adolescent qui me souhaita la bienvenue après longtemps d'absence. Comme sur le pont dix ans plus tôt, il fut sobre mais efficace dans ses paroles et laissa parler son corps pour le reste : « Merci d'être venu, Papa » prononça t-il en m'étreignant avec abandon, gage de ce qu'aucune rancœur ne l'animait à mon égard.

J'admirai cette générosité sans m'en sentir fier. Je n'étais en effet pour rien dans l'intelligence de cette attitude, dont tout le mérite revenait à mon fils ainsi qu'à sa mère. Je compris que cette dernière n'avait jamais entretenu d'amertume chez nos enfants, mais qu'au contraire, elle leur avait transmis ce dont elle était elle-même capable : l'acceptation de l'autre, de sa différence, quand bien même on pourrait la juger monstrueuse. Je le répète, les retrouvailles furent douces.

Tu connais la suite, Raphaël, puisqu'il s'agit de toi, mon gamin du pont d'Austerlitz qui vis en moi un créateur ! C'est en restituant leur place aux objets de ton arrière-grand-mère que j'ai trouvé la mienne.

Tu es souvent venu me voir dans la maison de campagne familiale où j'avais élu domicile. Nous y étions bien, silencieux le plus souvent. Les hommes ne sont pas causants, dit-on. Laissons dire, on dit tellement de choses. Nous, nous étions chantants... J'avais créé, enfin !, une école de chant où des enseignants d'horizons divers travaillaient aussi bien avec des professionnels que des amateurs. Tu chantais à merveille et quand je t'écoutais, je m'attendais à voir des flocons de neige scintiller au soleil.

Lorsque ta mère est venue y vivre avec moi, tu n'as pas posé de question, fidèle à ton habitude de ne pas te perdre en commentaires sur ce qui est. Te souviens-tu de l'enthousiasme avec lequel elle a ouvert une chambre d'hôtes et du succès de celle-ci ? Le bouche à oreille a fonctionné à merveille parmi les mélomanes, ravis de partager dans ce bel écrin le bonheur de la musique. J'étais heureux de cette aptitude à accepter l'autre que nous avions développée ensemble et qui porte le nom d'amour.

Et puis, ce jour sombre de novembre, partie dès l'aube à la ville voisine pour y faire le marché, elle n'est pas revenue.

Le bas-côté a brutalement interrompu sa course. On s'est alors empressé de dire qu'elle s'était littéralement tuée à la tâche ou qu'elle avait mis fin à ses jours, ne faisant finalement que me quitter à son tour.

Tout ce que je sais, c'est qu'elle n'est plus là et que la vie continue malgré la douleur, malgré l'absence. Toi seul peux comprendre le parallèle que j'établis entre sa mort et ma fuite d'il y a vingt ans : pas plus que tu n'as à l'époque cédé à l'amertume ou à la colère, il ne faut se laisser aller au chagrin ou à la souffrance. J'ai essayé de marcher dans tes pas, de continuer à grandir malgré la solitude. Si l'on ne ressent pas d'abandon, alors, il n'y en a pas, n'est-ce pas, Raphaël ?

Les ustensiles de cuisine sont restés dans la grande maison et te reviennent, cher messager. Quant à moi, je l'ai quittée malgré tout le bonheur qu'elle m'a procuré, car, vois-tu, depuis que l'hôtesse s'en est envolée, je n'y trouve plus ma place… Foutue place !

Raphaël, tu n'ignores rien de ce qui précède, mais sais-tu d'où je t'écris ce matin, dans la ville qui s'éveille ? Je t'écris de chez moi, au coin de la rue et du quai, là où tout est possible. Le boulanger m'a donné un petit pain chaud en ouvrant tout à l'heure. On s'aime bien, lui et moi. Parfois, je lui donne un coup de main, comme aux autres commerçants du quartier avec qui je réinvente le troc.

Les péniches qui remontent le canal m'apportent l'air du large, et je dors sous la voûte étoilée. Je ne suis ni seul ni triste et chante encore parfois pour les amis que je n'ai pas perdus. Je suis détaché, Raphaël, ce qui ne signifie pas que je sois coupé de mes sens. Au contraire, ils n'ont jamais été aussi aiguisés : je hume l'odeur de la ville et tends ma joue ridée à la caresse de l'air, je guette la lueur de l'aube et bois jusqu'à la dernière goutte le lait flamboyant du soleil qui décline derrière les toits, j'écoute le chaland inspiré ou le merle me parler d'ailleurs. Qui sait si l'envie me prendra un jour d'aller voir s'ils disent vrai ?

Voilà, Raphaël, tu sais tout à présent.

TRANSFIGURATION

Sur la petite photo d'identité, la femme relève légèrement le menton d'un air de défi : « Savez-vous au moins qui je suis ? » pourrait-on lire sur ses lèvres. Son sourire un peu crispé tempère cette arrogance : « Si vous le savez, je peux bien vous avouer que je l'ignore moi-même ! » semble-t-il ajouter.

À quatre-vingt-dix ans, Louise est restée ambiguë. C'est peut-être d'avoir cru naître pour devoir y renoncer.

C'était au début du joli mois de mai. Sa future maman enceinte de quatre mois, une femme énergique déjà mère d'un petit garçon, avait entrepris un grand ménage de printemps pour faire une surprise à son homme, un ouvrier joyeux qui avait toujours une chanson aux lèvres. Ce faisant, elle bravait les interdits du médecin de famille. L'homme avait du bon sens, car l'échelle installée pour nettoyer les carreaux s'était effondrée, entraînant dans sa chute la jeune femme qui pensait devenir mère. La fausse-couche avait contraint Louise, qui ne s'appelait pas encore ainsi ni autrement, à trouver une autre enveloppe pour son âme.

Cette dernière errait donc sur la grande étagère des âmes, là où celles qui partent croisent les revenantes, celles qui ont épuisé le corps qu'elles se sont choisi. Mais son statut était un brin particulier puisqu'elle était revenue avant même d'être partie.

Cette expérience l'avait marquée. Elle avait développé le sentiment qu'on ne voulait pas d'elle et décidé de s'imposer par principe.

Échaudée par sa tentative d'entrée dans une famille heureuse, elle avait conçu de la méfiance envers les situations harmonieuses et un goût prononcé pour l'aspérité.

Après quelque temps passé sur la grande étagère, elle avait eu vent d'un couple somme toute assez banal dont l'histoire l'avait intéressée. Milieu bourgeois cette fois, il y avait eu de l'amour et un premier enfant était né, mais le lien, basé sur un malentendu, n'avait pas résisté au passage du temps.

À quarante ans passés, après avoir désiré ensemble un enfant, ces deux êtres, désormais incapables d'un projet commun, fût-il de se séparer, en avaient absurdement souhaité un second, chacun de son côté.

Forte de ce désir, la femme avait plongé dans une relation aussi passionnée que stérile avec un ami de la famille, tandis que l'homme, fermant pudiquement ou lâchement les yeux sur l'évidence, s'était renfermé. Un jour toutefois, ils s'étaient rapprochés le temps d'une étreinte ; elle avait été décevante comme le sont les illusions d'optique, mais un minuscule être avait été conçu.

La petite âme qui suivait de près les aventures du couple désabusé s'était engouffrée dans la cellule encore vacante en espérant qu'elle verrait bel et bien le jour neuf mois plus tard.

Elle avait visé juste cette fois. À défaut d'être heureuse, sa mère jouissait d'une vigoureuse constitution et la grossesse avait suivi son cours sans encombre.

Passée la surprise d'avoir pu engendrer si facilement, ses parents l'avaient attendue séparément. Sa mère, se sentant à nouveau vivante, l'avait bercée en son ventre avec bonheur, perturbée toutefois d'être éprise d'un homme mais enceinte d'un autre. Son père, soulagé que son aîné échappe à la condition d'enfant unique, était resté en retrait, concentré sur un métier prenant et quelque peu effrayé par cette graine venue contredire les statistiques de fécondité.

Dès la naissance, Louise, comme l'avaient nommée ses parents en souvenir d'une aïeule défunte, avait érigé l'ambivalence en art majeur, semblant vouloir se faire accepter à tout prix tout en cherchant à déranger. Ses immenses yeux gris qui dévoraient le monde ne lui permettaient pas de voir qu'elle aurait pu se laisser aller à être, simplement. L'âme encombrée de sa toute première expérience, elle persistait à vouloir arracher la place qu'on lui aurait volontiers accordée. Parallèlement, elle avait besoin de vérifier qu'on l'aimait au point de lui pardonner ses travers.

Elle était devenue provocante et séductrice, cherchant à déranger jusqu'au rejet puis charmant son entourage au-delà de la colère qu'elle venait de lui inspirer. Sa première cible fut son père qu'elle indisposait avec ses pleurs, puis faisait fondre par ses caresses et ses regards câlins.

Par la suite, ses nourrices racontaient parfois le soir qu'elle avait mordu ses petits compagnons de jeu ou dérogé à telle règle de vie tout en soulignant à quel point elle pouvait être mignonne.

L'éducation dans son ensemble avait été un formidable terrain d'expérimentation pour Louise.

À l'école élémentaire, elle perfectionna sa technique. Souvent désobéissante, elle faisait toujours preuve d'une sensibilité et d'une écoute qui charmaient les enseignants. Dans ses phases disciplinées, on la trouvait adorable et, quand elle donnait du fil à retordre, on la grondait doucement, attendri.

Elle avait peu à peu changé de registre, s'intéressant davantage à ses semblables. Mais alors qu'elle aurait aimé leur ressembler, tout dans son comportement visait à s'en démarquer, de sorte qu'elle suscitait jalousie et colère. Cette sensation de ne pas leur plaire l'affamait, mais la nourrissait plus encore.

Son entrée dans l'enseignement secondaire, à l'âge où appartenir au groupe devient vital, l'avait conduite à infléchir son comportement. Pour plaire à ses camarades sans perdre la bienveillance des professeurs, elle cultiva l'insolence tout en conservant le statut d'excellente élève qu'elle avait.

L'époque était à la discipline, et Louise manœuvrait habilement pour éviter un renvoi de l'établissement.

Cette période coïncida avec son entrée dans l'adolescence et ses premières amours.

Alors que ses traits n'avaient jamais eu la joliesse de nombreux visages enfantins, elle devint une jeune fille à la beauté singulière. Ses immenses yeux restés gris dévoraient un visage lumineux que sa grande bouche rendait un peu animal. Elle donnait toujours, en somme, l'impression de déborder du cadre.

Les garçons, emberlificotés dans les difficultés de leur âge, n'osaient l'aborder, plus à l'aise face à des physionomies plus lisses.

Cela n'était pas pour déplaire à Louise. Elle savait parfaitement approcher celui qui l'ignorait, l'attirer dans ses filets, puis le contrarier jusqu'à l'exaspération, une fois qu'il en était prisonnier. Jamais elle n'aurait pris le risque de tisser une relation paisible, trop acquise pour cela aux charmes du danger.

Un jour pourtant, elle s'était laissée aller à la douceur d'une vraie rencontre. Un homme issu du milieu ouvrier qui avait failli être le sien l'avait détournée du jeu qui commençait à la lasser. Certificat d'études en poche, il montait sa petite entreprise avec énergie, et ses yeux noirs s'étaient posés avec douceur et intérêt sur la jeune femme. Tandis qu'elle se lançait dans son jeu de rôle sans grande conviction, il l'avait interrompue : « Ne faites pas la méchante, je vois bien qu'au fond vous êtes aimable ! » et par là, il entendait « digne d'être aimée ».

Le jeune homme avait raison. Louise débordait d'une générosité masquée par le caractère agressif de son expression. La peur ressentie au tout début de son histoire se transmettait à son entourage, qui devenait alors craintif, puis rejetant.

Jusque-là, personne n'avait encore décrypté son fonctionnement.

Elle s'était momentanément abandonnée à la douceur d'être aimée pour ce qu'elle était. Ils s'étaient mariés, un garçon puis une fille étaient nés.

Était-ce le souvenir inconscient de celle qui n'avait pas pu être sa mère ? Louise avait ressenti à chaque fois une grande crainte de perdre l'enfant.

Après la seconde naissance, Louise s'était à nouveau employée à plaire, ne fût-ce que pour vérifier qu'elle en était capable. En inquiétant son mari, elle cherchait en lui le reflet de sa propre peur, qui avait survécu à l'épisode de paix et de douceur. Si l'homme avait souffert, il n'était jamais revenu sur son amour. Il savait que, malgré leur rencontre, Louise n'avait pas remis son ambivalence en question. Pourquoi l'aurait-elle fait ? Elles s'étaient habituées l'une à l'autre, unies en quelque sorte pour le meilleur et pour le pire…

C'est de cette époque que date la photo d'identité désormais jaunie.

Beaucoup de temps a passé depuis, les parents de Louise sont morts, puis son mari. Leurs enfants leur ont entretemps donné plusieurs petits-enfants, dont Louise a choisi de se faire craindre.

Parmi ses amies encore en vie, qui la trouve folle, qui égoïste. Toutes apprécient pourtant la joie et l'intelligence que confère sa participation aux parties de scrabble et de bridge.

Louise perçoit parfaitement cette dualité dans les sentiments à son égard ; toute son existence ne s'est-elle pas jouée sur fond de cette petite musique ? Avec le temps, l'inconfort a laissé place à une véritable souffrance, et Louise se sent gagnée par une profonde angoisse, pendant de la colère qui l'anime depuis toujours. La vie lui devient pesante.

Un beau jour d'automne, dans la lumière jaune doré des ginkgos biloba qui jalonnent leur promenade vespérale, son petit-fils lui demande avec cette grâce que possèdent les enfants et qui leur permet d'aborder la vérité sans détour : « Pourquoi es-tu si dure, Grand-Mère, puisque de toute façon je t'aime ? »

Sans doute les yeux d'un gris presque noir que le tout jeune garçon darde sur elle lui rappellent-ils ceux de son aïeul. En guise de réponse, elle le serre dans ses bras en silence.

C'est la seconde fois qu'on lui suggère de déposer les armes, et Louise s'y sent prête à présent. Ce soir-là, après avoir salué son petit-fils par la fenêtre, elle le suit aussi loin que ses yeux le lui permettent. Quand elle le perd de vue, cette dernière est brouillée par les larmes. Le flot lave son âme de sa blessure originelle ; le sentiment de rejet, omniprésent jusque-là, s'y dissout sans résistance. Une sensation physique d'ouverture envahit Louise, comme si le palmier sur lequel donne la fenêtre de sa chambre avait pris racine sous la plante de ses pieds, étirant son tronc jusqu'en son bassin et déployant ses palmes dans sa poitrine, juste au-dessus du plexus.

Quand les larmes se tarissent, le palmier a de l'eau jusqu'à la fin des temps, et Louise s'endort en paix.

Dès lors, des espaces cachés s'ouvrent à elle, qu'elle explore avec bonheur, et son entourage. Seule la déchéance physique peut désormais menacer cette liberté chèrement acquise.

Louise n'envisage pas un instant cette perspective. La décision mûrit tranquillement en elle.

Un après-midi, une phrase de la benjamine de ses petites-filles lui revient : « Quand je vas être très grande, je vas devenir petite, petite, petite et paf, je vas éclater ! » Louise s'était étonnée.

« Éclater ?

– Ben oui, parc' que faut bien mourir... Dis, Grand-Mère, on éclate ou on disparaît comme ça ? » avait-elle ajouté dans un geste de ses deux petites mains.

La question avait laissé Louise sans voix. À présent, elle dirait : « Éclater ou disparaître comme ça, tu choisiras quand tu seras grande ! »

Quant à elle, elle a tranché. Elle songe à son petit-fils. Quelques mots lui viennent à l'esprit, qu'elle note de son écriture tremblée. Puis elle se dirige vers sa chambre où règne une douce lumière de fin de journée. Dehors, le palmier trône, superbe. Elle jurerait qu'il l'invite au voyage.

Trois pas décidés la mènent à la fenêtre.

Un instant plus tard, son corps est suspendu, vertical, au-dessus d'un vide de cinq étages.

En équilibre sur le rebord de sa fenêtre, elle sourit, amusée d'avoir si facilement pu se hisser sur la chaise : faut-il qu'elle soit devenue vraiment grande ? Bientôt, elle aura quitté l'enveloppe charnelle qu'elle s'est choisie quatre-vingt-dix ans plus tôt.

Elle s'élance, ses pieds quittent le rebord de la fenêtre et la chute commence.

Vingt mètres plus bas, un arbuste adoucit le choc, Louise va mourir et son esprit s'envole déjà, mais le corps dont elle s'est fatiguée avant qu'il se lasse d'elle sera épargné : « Finalement, je vais disparaître sans éclater… » pense-t-elle dans un ultime soupir.

Là-haut, sur la console de l'entrée, le billet fraîchement rédigé répète en silence : « Quoi que vous fassiez, je vous aime, Grand-Mère. »

Les papiers de Louise attendent en évidence, sur cette même console, celui qui jugera bon d'enquêter sur la chute d'une vieille dame.

Sur la photo d'identité, le menton reste légèrement relevé, mais le sourire a perdu son aspect figé : l'ambiguïté n'est plus.

UNE PARADE ÉLÉGANTE

« Le souvenir de ta peau m'obsède. Tout me semble rugueux dans cette ville immense et vide où je te cherche en vain. »

Anthelme relit son message et appuie sur le bouton *Envoi*, satisfait.

Il blêmit en voyant apparaître à côté de la petite enveloppe stylisée, au lieu du nom de sa jeune amante, celui de sa femme, et maudit tout à la fois la ressemblance entre les deux prénoms, sa maladresse et les téléphones portables, avec leurs stupides SMS dont il fait grand usage.

Que faire à présent ? Envoyer un ridicule *Désolé, erreur de destinataire* ? Il n'y a plus rien à faire, hormis se préparer au courroux de Ludivine.

Il n'a même pas envie de renvoyer son message à Lucie et essaie de se remettre au travail sans plus attendre.

Quelques heures plus tard, après avoir fait du zèle en exhumant de vieux dossiers en souffrance, il doit bien se résoudre à rentrer.

En chemin, il appelle chez lui au prétexte de savoir s'il faut du pain. Sa femme lui répond avec détachement : « Bonne idée, prends donc une baguette. » Ce flegme déconcerte Anthelme ; il vérifierait presque que c'est à Ludivine qu'il a envoyé son message enflammé !

L'accueil qu'il reçoit à la maison est du même acabit. Ludivine semble détendue, ni plus ni moins souriante que d'habitude. Ils ne parlent pas beaucoup – vingt ans de vie commune ont émoussé les atomes crochus –, mais rien, à vrai dire, ne différencie cette soirée des autres.

Anthelme s'abandonne volontiers au confort de la situation. De même qu'aucun objet n'existe dans le vide, il ne peut y avoir de faute en l'absence de reproche. Il se persuade aisément qu'il n'a pas commis d'impair.

La vie poursuit son cours en ronronnant. Alors qu'il l'avait passagèrement évacuée de son esprit, il se remet à penser à Lucie, appelant de ses vœux un prochain voyage d'affaires dans sa ville. Il la contactera alors. Pour le moment, il n'ose plus.

Les jours passent, et les semaines, puis vient un matin où Ludivine annonce gaiement qu'elle partira quelques jours chez une amie d'enfance. Une telle initiative ne lui ressemble guère. Devant l'enthousiasme de sa femme, Anthelme, taraudé par une vague culpabilité, préfère se réjouir pour elle.

L'idée d'inviter sa jeune amante à le rejoindre le traverse. Il la chasse bien vite, effrayé à la seule perspective des complications probables.

La veille de son départ, Ludivine rentre après son mari, joyeuse. Elle sort de son sac une bouteille de Champagne Drappier Zéro Dosage en s'écriant d'un ton enjoué : « Tiens, elle est fraîche, et il y a aussi du tarama et des œufs de saumon. Trinquons à notre célibat ! »

Amusé, Anthelme se prête volontiers au jeu et passe une soirée délicieuse. Ludivine semble heureuse et l'air plus léger.

Quand elle le rejoint au lit, il colle son corps contre celui de sa femme dans un élan aussi sincère qu'inhabituel. « Allons bon, tu fais le plein de chaleur humaine avant d'affronter la solitude ? » lui demande-t-elle, avant d'ajouter : « Bah, le pire n'est jamais certain ! »

Si la remarque l'intrigue, Anthelme n'en laisse rien paraître et s'abandonne au sommeil en repoussant tous les points d'interrogation qui se forment sur l'écran de ses yeux clos.

Le lendemain, il embrasse tendrement Ludivine qui boucle son sac et, soudain protecteur, lui recommande d'être prudente. « Ne t'en fais pas pour moi, prends plutôt soin de toi ! » répond-elle, et Anthelme se garde bien d'y déceler une quelconque ironie.

En milieu de matinée, au sortir d'une de ces réunions ennuyeuses qui favorisent les pensées vagabondes, il envoie ces trois mots à Ludivine : *Tout va bien ?*, auxquels elle répond du tac au tac : *ke veu tu don qil marive – suis en route – é toi, tou va bien ?*

Il ignorait qu'elle pût rédiger ainsi ses textos. Que sait-il de sa femme, après tant d'années vécues à ses côtés sans vraiment la regarder ?

Le soir, il décline le verre en terrasse que lui proposent ses collègues et rentre à pied, comme il a coutume de le faire en ce début de printemps. Il marche à grands pas, enivré par la douceur ambiante, quand une silhouette accroche son regard flottant. Il croit un instant que Ludivine vient à sa rencontre, avant de se souvenir, dépité, qu'elle est loin. Il aurait aimé régler son pas sur le sien et prendre avec elle la mesure des jours qui rallongent.

Bien que son isolement lui pèse, il ne songe pas un instant à appeler Lucie. Pense-t-il seulement à elle, à sa peau douce et ferme ? Pas le moins du monde.

Aussi est-il réellement surpris quand il la trouve sur son palier, assise à côté d'un petit sac de voyage.

« Lucie… Qu'est-ce que tu fais là ? »

Déjà, le teint de rose de la jeune femme s'est assombri et il ne reste de son sourire radieux qu'un triste rictus.

« Ça alors ! C'est la meilleure… Qu'est-ce que je fais là ? Je t'attends, tu le sais bien, non ? »

Anthelme comprend. Il revoit en un éclair le film des événements récents. Le calme résolu de Ludivine, son projet de voyage inattendu comme ses remarques déconcertantes, tout prend sens.

Il fulmine intérieurement, tout autant d'ailleurs contre sa propre goujaterie et la crédulité de Lucie que contre la froide détermination de sa femme. À propos de celle-ci, il ne se demande pas comment elle a trouvé les coordonnées de sa rivale, mais plutôt d'où lui est venue cette audace nouvelle… Ah, la riposte est superbe !

Elle est en outre diablement efficace, car à présent, Anthelme n'a que faire de sa jeune maîtresse, c'est Ludivine qu'il désire retrouver et apprendre à connaître.

LA GRANDE MAISON

C'EST LA PLUS GRANDE MAISON DU VILLAGE. On la voit depuis la route principale, avant que celle-ci s'enroule autour de la place, entre les platanes.

Je ne l'ai pas remarquée au début, lorsque mes grands-parents louaient chaque été un bel appartement au bas de cette boucle, ni même plus tard, quand j'ai logé avec les miens place de la Frairie, dans un trois-pièces sombre qu'annonçaient trois marches. C'est quand nous nous sommes installés maison Matteudi que la grande bâtisse et moi avons enfin fait connaissance.

Notre salle à manger s'ouvre sur un balcon qui surplombe le flanc gauche de la maison et son jardin.

Six fenêtres ornent cette façade latérale, ainsi qu'une lucarne ronde en trompe-l'œil. Elle constitue la plus vivante des sept ouvertures, car je n'ai pas souvenir d'avoir vu une des fenêtres ouverte.

Le jardin aussi semble endormi. Les oliviers taillés de près et la pelouse rase témoignent néanmoins d'un entretien régulier. Une balancelle et quelques fauteuils entourent en silence une vaste table en fer forgé à laquelle personne ne s'installe jamais. Les occupants de l'immense bâtisse lui préfèrent les murets ou les dalles de pierre grise, je parle là de la douzaine de chats qui règnent sur la propriété. Car c'est ainsi, ils règnent en maître, servis par une petite bonne femme voûtée et sans âge.

Dès le début, elle a semblé très vieille à mes yeux d'enfant. Au fur et à mesure que j'ai grandi, notre différence d'âge s'est amenuisée. Une trentaine d'années nous séparent sans doute.

Cette femme apparaît parfois dans le jardin ; elle y change quelques écuelles d'eau et va de l'un à l'autre félin en leur parlant.

Au fil des étés passés à Saint-Martin, j'ai observé ses allées et venues à partir d'une grande porte que j'ai supposé être celle de la cuisine, puisque c'est là que pénétraient les bêtes pour leurs repas.

Jamais la femme n'est apparue à une fenêtre ni sur aucun des cinq balcons accrochés à la façade principale. J'ai pensé qu'elle ne vivait pas là, mais venait simplement pour les chats, comme le jardinier pour les haies et la pelouse.

Maintes fois, je me suis figuré l'intérieur de la maison. J'y voyais alors, malgré l'obscurité, de nombreux meubles, tous endormis sous des voiles de tissu, excepté un divan élimé dont les accoudoirs et le dossier découverts avaient été lacérés par les griffes des félins.

Mon imagination avait également façonné la cuisine : une grande table en bois entourée de bancs et un vaste évier en marbre près duquel étaient entreposées les écuelles ; des paquets de croquettes sur une étagère, à moins que leur bienfaitrice n'apportât plutôt des restes de repas à ses protégés ?

Un après-midi d'août, au retour d'une balade au-dessus du Boréon, j'attendais l'orage sur le balcon tandis que les enfants et leur père faisaient la sieste. De lourds nuages gris plombé avançaient en bataillons rangés depuis le Nord et le massif du Piagu était nimbé d'un halo presque fluorescent tandis que Venanson était plongé dans l'obscurité. La grande fanfare du ciel résonnerait bientôt.

Je me surpris à guetter la silhouette de la femme. Un rythme régulier réglait en effet ses apparitions, qui s'était gravé dans ma mémoire. Les chats aussi l'attendaient puisqu'ils se rassemblèrent peu après devant la large porte en bois. Mon attention fut détournée par les premières gouttes, éparses et énormes, ainsi que par cette odeur intense qui monte immédiatement de la terre mouillée. L'orage ne tarda pas à éclater ; lorsque je reportai mon regard sur la grande maison, ses habitants formaient un arc de cercle, tendus dans l'attente de leur mère nourricière.

Elle n'apparut pas, et c'est moi qui bougeai malgré l'intempérie, mue par je ne sais quel élan. Je me retrouvai dans notre majestueux escalier sombre, puis au pied de l'immense portail. Il était cadenassé, mais une petite porte le jouxtait, que j'ouvris sans difficulté.

La pluie tombait dru à présent, sans gêner les chats ; mon arrivée ne les troubla pas davantage. Hypnotisés par la porte qui tardait à s'ouvrir, ils se mirent à gémir lorsque je m'approchai d'elle. L'instant d'après, j'en écartai le lourd battant de bois. Aucune réflexion n'avait précédé mon geste, et je n'eus pas même le sentiment d'outrepasser mes droits en agissant de la sorte.

La porte-fenêtre qui se trouvait juste derrière était ouverte sur une vaste pièce sombre. Je restai un moment sur le seuil, tandis que les gouttes de pluie dégoulinaient le long de mes bras nus en une fraîche caresse, le temps que mes yeux s'habituent à la pénombre. Une masse soyeuse frôla ma jambe droite : un des chats s'était enhardi à me suivre et se mit à ronronner.

J'écarquillai les yeux, pupilles dilatées. C'était bien la cuisine, et j'en distinguai à main gauche la vaste table de campagne, à laquelle un évier massif faisait face, sur ma droite. L'espace ménagé entre les deux était barré par une échelle dont le sommet parvenait au niveau d'une étagère. Le chat attira mon attention sur une forme abandonnée au pied de l'échelle : il miaulait doucement et allongeait une patte vers elle.

La femme, puisqu'il s'agissait d'elle, gisait face contre terre, un bras déployé dans l'axe du buste, l'autre ramassé sous lui. Je m'approchai et plaquai mes mains sur son dos : il se soulevait doucement. Si je fus soulagée, je compris aussi que je m'étais bien plus éloignée de mon cocon familial que d'une simple rue de village.

Un gémissement léger acheva de me rassurer et, cherchant des yeux de quoi donner à boire à la femme quand elle serait totalement revenue à elle, j'avisai sur la paillasse de l'évier en marbre un gobelet d'argent – une timbale d'enfant, pensai-je. En me levant pour faire couler un peu d'eau, je remarquai au fond de la cuve une petite assiette et des couverts de même facture.

Intriguée, je revins m'agenouiller près de la vieille dame.

Elle s'était retournée et son visage m'apparut, plus proche que jamais : l'ovale régulier encadré par un épais bandeau de cheveux gris, les traits fins que les rides avaient envahis. Je la trouvai belle et émouvante, fragile aussi.

Je chuchotai à son oreille quelques mots l'invitant à nous rejoindre, le chat et moi, et celui-ci lui lécha délicatement la joue. C'était un chat roux que j'avais observé à maintes reprises depuis mon balcon. La femme ouvrit doucement les yeux, les referma, puis les rouvrit, brutalement cette fois. Je distinguai nettement un éclair de frayeur dans ses yeux.

« Ils sont revenus, c'est ça ? »

Elle agrippa ma main en prononçant ces mots, le regard dans le vide, et la vigueur de son geste me surprit. Puis, avant même que j'aie pu chercher une réponse à la question que je n'avais pas comprise, elle éclata en sanglots et son corps frêle en fut tout secoué. Je lui caressai le front.

« Tout va bien… Vous êtes tombée et avez perdu connaissance, mais tout va bien à présent. Vos chats sont là qui vous attendaient », ajoutai-je, sachant que cela ne répondrait pas à sa question.

Elle se calma alors et dirigea sur moi un regard qui venait d'ailleurs. Elle avala une gorgée d'eau, puis lança :

« Qui êtes-vous donc ?

– Une voisine. Je me suis inquiétée pour vous et…

– Aucun voisin ne s'est jamais préoccupé de nous ! » me coupa-t-elle tandis que ses yeux bleu acier me lançaient des éclairs.

Je compris qu'elle n'avait pas quitté son monde intérieur et, soit qu'il me fît peur, soit que je sentisse que le temps était venu pour moi de rejoindre les miens, je lui dis calmement :

« Je vous assure ! Je suis venue parce que j'étais inquiète… Je loge en face et suis habituée à vos allées et venues dans le jardin. Je me suis étonnée de ne pas vous voir cet après-midi, et puis les chats semblaient en alerte eux aussi. Je dois partir à présent, mais je reviendrai. »

Je ne sais pourquoi j'accompagnai ces mots d'un geste tendre ; elle s'était assise contre l'échelle et j'entourai ses épaules de mon bras tandis que ma main libre prenait la sienne. Je fus bien inspirée, car son corps contracté se détendit à ce contact. Elle posa sur moi un regard doux.

« Oui, revenez si vous le voulez. Je vais m'occuper de mes chats à présent. »

Comme s'ils n'avaient attendu que ce mot d'elle, tous pénétrèrent dans la cuisine, rejoignant leur frère roux.

Je pris congé et parcourus la courte distance qui me séparait des miens. L'orage avait quitté la vallée, laissant déjà place à un ciel limpide.

La maisonnée était réveillée, et on avait mis de l'eau à chauffer. Son frémissement fut bientôt une invitation au rituel apaisant du thé, quand la cuiller tintinnabule dans la tasse, sans même qu'on ait eu besoin d'y faire fondre du sucre. Les enfants n'allaient pas tarder à rapporter des brioches. J'en profitai pour m'accouder au balcon ; la montagne avait revêtu sa plus belle parure, celle d'après le tumulte des cieux, quand les reliefs éclatent dans la transparence de l'air.

Là, de mon perchoir, je me sentais à la frontière entre deux mondes : le cocon familial que je connaissais si bien, avec ses tempêtes mais aussi ses moments doux comme celui qu'il me promettait à l'instant, et l'univers de la grande maison, encore inconnu mais dans lequel j'avais glissé un pied.

Le lendemain était mon jour de marche en solitaire et je décidai de monter à la cime de la Palu. On s'élève au-dessus du village à travers les arbres avant de déboucher sur une clairière qui offre un panorama à couper le souffle. Un dernier raidillon mène alors à la ligne de crête.

Je rentrai au village en début d'après-midi, à l'heure chaude où il fait bon se reposer à l'abri des murs épais, tandis que par les fenêtres entrouvertes parviennent les bruits de l'extérieur. Quelques secondes d'abandon au sommeil suffirent à un rêve fugace.

« Vous pouvez revenir, me disait la vieille femme depuis le seuil de sa cuisine. Nous vous attendons, mais ne vous offusquez pas si je ne vous reconnais pas tout de suite. Les chats, eux, sauront qui vous êtes ! »

J'attendis de la voir passer au milieu de ses protégés pour me diriger vers la grande maison. Les miens se reposaient encore.

La petite porte n'offrit pas plus de résistance que la veille, et seul le chat roux abandonna sa place ensoleillée pour m'escorter jusqu'à la cuisine. Le souvenir de mon rêve était si vif que je ne fus pas surprise par l'attitude de sa maîtresse. Assise sur un banc, elle sursauta au grincement de la porte et me regarda sans comprendre, brutalement extraite de ses pensées. La peur eut à peine le temps d'envahir ses yeux clairs qu'elle avisa mon compagnon.

« Qui êtes-vous ? demanda-t-elle, tranquillement cette fois, et j'entendis le "déjà" qu'elle n'avait pas prononcé.

De toute évidence, je la tirais comme la veille d'un monde lointain qui n'appartenait qu'à elle et au chat roux. Cette fois, il m'était toutefois permis d'y pénétrer.

Je fis les trois pas qui me séparaient d'elle, pris place à califourchon sur le banc et, lui prenant les deux mains qu'elle m'abandonna sans résistance :

« Je suis la voisine d'hier. Vous étiez tombée de l'échelle et j'étais là quand vous êtes revenue à vous. Nous avions prévu de nous revoir… Me voici donc, si le moment vous convient ?

– Oh… oui ! Je vous reconnais ! s'exclama-t-elle. Merci d'être venue, vous ne me dérangez pas du tout, je n'ai pas grand-chose à faire dans cette grande maison !

– Vous venez y nourrir les chats ? »

Elle grimaça un sourire, comme si ma question disputait le risible à l'étrange.

« Cette maison est la seule que j'aie jamais eue ! »

Et comme la question suivante restait sur mes lèvres, elle poursuivit :

« Au début, nous n'y avons pas été seuls, mais il y a bien longtemps qu'elle n'abrite que les chats et moi. Depuis que… »

Sa voix se brisa et son regard m'échappa tandis que son dos se voûtait comme celui d'une très vieille dame. Ses mains que je tenais toujours me semblèrent inertes, presque froides, comme si son corps se vidait de son âme. Toujours guidée par l'instinct, je me levai en gardant une main sur la sienne et m'installai derrière elle. Je l'attirai jusqu'à ce que son dos touchât ma poitrine et l'entourai de mes bras. La bouche dans son cou, je l'exhortai doucement :

« Depuis que quoi ?… Parlez si vous le pouvez, je vous écoute. »

Un tremblement agita son corps qui pesa soudain contre le mien. Elle prit une profonde inspiration et murmura :

« Je n'ai jamais mis de mots sur cette histoire ! »

Ses mains pressèrent les miennes, posées sur ses épaules osseuses, et elle s'élança.

« Je suis née dans cette maison de famille que mes arrière-grands-parents habitaient déjà. La vie était simple et belle, du moins est-ce le souvenir que j'en ai ; nous vivions au rythme des saisons, passant autant de temps dehors qu'il nous était possible de le faire. Pourvu que les quelques règles fixées par les adultes fussent respectées, nous autres enfants jouissions d'une grande liberté.

« J'ai presque toujours connu la guerre, mais n'en ai pas souffert au début. Je sentais parfois la peur de mes parents sans la comprendre, si bien qu'elle n'était pas devenue mienne.

« Un jour, des gens sont arrivés au village, des réfugiés. Comme la maison était immense, nous avons hébergé deux familles. J'ignorais alors que j'étais juive.

« Très vite, la vie s'est compliquée. D'abord sont venues les privations de nourriture puis les entraves à la liberté se sont multipliées. Papa et Maman allaient signer chaque soir un registre à l'Hôtel des Alpes, où nous les accompagnions, mes deux frères aînés, ma petite sœur et moi.

« Nous ne pouvions plus jouer dans le village comme bon nous semblait. Souvent Papa disparaissait pour la journée, il partait très tôt, parfois même dans la nuit noire, et revenait juste à temps pour signer le registre. Mes frères m'ont dit qu'il aidait des gens à fuir en Italie et qu'il ne fallait en parler sous aucun prétexte. J'ai compris peu après que ces gens étaient juifs, comme nous.

« Dès lors, l'extérieur de la maison m'est devenu hostile.

« Maman était triste, préoccupée. Son si beau visage était la plupart du temps empreint de mélancolie et ses yeux regardaient souvent ailleurs, comme si elle s'était évadée dans un autre monde où notre bonheur aurait été préservé. Même la présence de ma petite sœur dans ses bras ou à son sein ne la ramenait pas parmi nous, et je me souviens encore de la façon dont ma gorge se serrait dans ces moments-là.

« Et puis, un jour, on nous a annoncé que les Italiens avaient capitulé et que les Allemands arrivaient. Le moment était venu pour nous aussi de fuir par les montagnes.

« Nous avions quelques jours devant nous. Maman aurait souhaité partir sur-le-champ et avait rassemblé quelques affaires, mais Papa avait pris l'engagement d'accompagner une famille et ne se serait dédit pour rien au monde. Il se mit en route le soir même à la tombée de la nuit, nous assurant qu'il reviendrait nous chercher le lendemain après-midi. Auparavant, il avait embrassé chacun d'entre nous en lui murmurant quelque chose à l'oreille, et ses mots résonnent encore : "Ne crains rien, ma grande, ma douce, il ne m'arrivera rien et nous partirons ensemble dès mon retour. Les fleurs sont encore très belles et tu en feras un bouquet !"

« Maman a pleuré après son départ. Nous avons dîné d'une tartine et d'un bol de lait chaud et nous sommes couchés.

« Il n'y avait que nous dans la grande maison, les familles hébergées ayant déjà pris le chemin de l'Italie. Le silence était effrayant, mais je me projetais au retour de Papa et sa phrase chantait dans ma tête.

« La voisine nous a réveillés à l'aube en tambourinant à la porte. Les Allemands avaient été vus à Saint-Jean-la-Rivière et seraient bientôt là. Maman s'est assise sur ce banc, la tête dans les mains, en silence. Au bout d'un moment qui m'a paru infini, elle a déclaré calmement : "Nous allons nous cacher en attendant Papa."

Aucun de nous n'a rien dit. Elle a disparu avec mes deux frères tandis que je surveillais le bébé, allongé sur cette grande table, puis elle est revenue et m'a indiqué le bahut que voici. Elle a fait de la place dans sa partie basse et m'a expliqué qu'elle seule viendrait me libérer et que je ne devais en sortir sous aucun prétexte. Elle m'a alors serrée dans ses bras en couvrant ma tête de baisers, m'a écartée d'elle en me regardant dans les yeux : "Ma grande fille, sois sage." L'instant d'après, j'étais recroquevillée dans le meuble, reliée au reste du monde par l'odeur de Maman restée sur mon visage et un rai de lumière.

« Je ne sais combien de temps je suis restée ainsi. J'ai dû m'endormir, car j'ai sursauté quand Balthazar, mon jumeau au pelage flamboyant, s'est blotti contre moi. J'ai ramené le battant entrouvert du mieux que j'ai pu et enfoui mon visage dans son cou. Il a ronronné, et j'ai pensé que Papa ne tarderait plus.

« Quand on a frappé brutalement à la porte, j'ai compris que ce n'était pas lui. Personne n'a bougé dans la maison et les coups ont redoublé tandis qu'une voix masculine lançait des mots inquiétants dans une langue inconnue.

« Le chat s'est mis à gronder et je l'ai pris dans mes bras, tremblante. Il m'a semblé qu'on défonçait la porte et des pas lourds ont résonné dans la cuisine avant de faire craquer les marches de façon sinistre. J'ai entendu des vociférations à l'étage, et le cri du bébé a déchiré l'air. Maman a hurlé, et les voix étrangères lui ont répondu dans un concert effrayant. Je ne pensais plus, respirais à peine, réduite à l'injonction de ne pas quitter ma cachette. Les pas lourds ont envahi l'escalier, puis la cuisine à nouveau, tandis que d'autres, plus légers et précipités, leur faisaient écho. J'ai bouché mes oreilles pour ne plus entendre. Malgré cela, j'ai distingué la voix apeurée de mon frère aîné: "Maman, on va où?!", et la voix douce a répondu avec calme: "Ne t'en fais pas, que personne ne s'en fasse."

« J'ai compris que ma mère s'adressait ainsi à moi en même temps qu'à mes frères et au bébé, et n'ai pu réprimer un drôle de petit cri, une sorte de réponse.

« Aussitôt, la voix gutturale a hurlé tandis que les pas s'interrompaient net. On m'avait entendue… Mais avant que j'aie le temps d'avoir peur, Balthazar s'est faufilé hors du bahut, détournant ainsi l'attention! Son geste aussi intelligent que généreux lui a sans doute valu de recevoir un coup de pied, car il a gémi violemment et je me suis mordu le poing pour ne pas crier une nouvelle fois.

« Les Allemands sont partis et, avec eux, ma mère, mes frères et ma petite sœur. Le silence n'a pas tardé à reprendre possession des lieux et Balthazar m'a rejointe dans notre abri. Par respect de la consigne reçue, je n'ai pas osé bouger et nous avons sombré dans un profond sommeil, épuisés. Nous avons dormi longtemps, longtemps, je ne saurais dire combien de temps.

« Sans doute mon père est-il revenu pendant ce long sommeil et a-t-il cru en voyant la porte défoncée que nous avions tous quitté les lieux. Je me plus à le penser. Je ne l'ai jamais revu, pas plus que Maman, mes frères ou ma petite sœur. »

À ce point du récit, la femme marqua une pause au cours de laquelle je n'osai pas poser de question. Quel âge avait la petite fille d'alors et pourquoi le chat n'aurait-il pas réagi au retour du père ? Quelle avait été la vie à la sortie du ventre du buffet ? Elle reprit aussitôt, comme si elle avait entendu mes interrogations.

« Je venais d'avoir sept ans, l'âge de raison, et savais parfaitement que Balthazar aurait miaulé en entendant mon père rentrer, mais voilà, j'avais commencé ce matin-là à travestir la réalité. Je n'ai jamais cessé depuis et serais morte mille fois si j'avais agi autrement. Avec vous, j'affronte pour la première fois ce qui s'est réellement passé en ce mois de septembre 1943, il y a de cela soixante-huit ans.

« Quand je me suis réveillée, Balthazar lové contre moi, j'ai pensé que Maman, mes frères et le bébé avaient été faits prisonniers – mot entendu à maintes reprises depuis le début de la guerre – et que Papa avait pu fuir en Italie, seul. Je me suis sentie autorisée à quitter ma cachette, et la longue attente de leur retour a commencé, véritable course d'endurance en solitaire.

J'avais souvent aidé Maman dans ses travaux ménagers et n'ai pas eu de mal à me débrouiller. Le plus difficile fut de trouver de la nourriture. Je n'avais évidemment pas d'argent et ne pouvais compter que sur la chasse, la cueillette ou les déchets des villageois. J'évitais ces derniers, sentant bien que leur fréquentation impliquerait la destruction de ma chimère et qu'eux-mêmes n'avaient aucune envie de se trouver face à une petite rescapée de cette nuit où les bottes nazies avaient martelé le pays.

« Je changeai de rythme de vie, sortant chaque jour à l'aube et rentrant à la maison avant que les femmes fassent leurs courses. En quelques heures, j'avais, selon la saison et l'inspiration, écumé les sous-bois à la recherche de baies et de champignons, pêché la truite en aval de Saint-Martin, là où les torrents de la Madone et du Boréon s'unissent pour devenir la Vésubie, ou encore arpenté les ruelles dans le fol espoir de découvrir parmi les ordures les reliefs d'un festin ! La nuit tombée, je quittais à nouveau la maison pour nourrir mon âme au contact de la nature. La simple sensation de l'herbe frôlant mes jambes me rappelait l'époque bénie où je courais dans les champs avec les enfants du village.

« Les premiers temps, je m'attachai à ne rencontrer personne ; ça n'était pas difficile, les villageois ont leurs habitudes. Puis, un matin, m'étant attardée sur un parterre de myrtilles, j'ai croisé au retour une voisine qui partait vers le lavoir, son panier à linge sur la hanche. J'ai frémi, craignant qu'elle me pose une question mais, à ma grande surprise, elle a détourné le regard et poursuivi son chemin. J'étais devenue transparente.

« Les rencontres se sont en effet succédé au fil du temps sans que jamais personne ne m'adresse la parole. De mon côté, je n'ai jamais cherché un regard, à une exception près. Plusieurs années s'étaient écoulées, qui m'avaient transformée en jeune fille ; un peu de poitrine m'était venu et, le torse ainsi fleuri, je me sentais ressembler à Maman. Un beau soir de printemps, au détour d'un chemin, je suis tombée nez à nez avec Vincent, mon ami d'enfance. Nous nous donnions la main lors de nos promenades et avions même échangé un baiser. Il avait grandi, car je l'avais quitté à neuf ans et il en avait peut-être seize. Sa tournure était celle d'un homme, mais je l'ai immédiatement reconnu et lui ai souri, folle de joie. Il a baissé les yeux et poursuivi sa route.

« C'est là que j'ai compris que la douceur de la peau des garçons d'ici ne serait plus pour moi et qu'aucun regard ne plongerait plus dans le mien avec tendresse ou amour. J'ai même su, de façon fugace sans doute, que ceux de ma mère, de mon père, mes frères et ma petite sœur seraient à jamais hors de ma portée.

« J'ai pensé fuir le soir même. Je ne l'ai pas fait, car j'étais chez moi dans la grande maison plus que partout ailleurs, malgré ses pièces froides et vides. Je ne pouvais quitter le bahut auquel ma mère m'avait confiée ni le pas de porte sur lequel mon père m'avait adressé ses dernières paroles. Pas plus d'ailleurs que la bibliothèque familiale renfermant tous les livres qui m'avaient permis d'appréhender le monde. Car j'ai passé des heures, des jours, à dévorer les ouvrages accumulés par ma famille, et c'est ainsi que j'ai pu me faire une idée de l'univers dans lequel je vivais, de son histoire. Seule la mienne continuait à m'apparaître au travers d'un prisme déformant.

« Je suis donc rentrée ce jour-là, comme tous les autres. Balthazar avait rencontré une jolie chatte de gouttière qui a eu des petits peu après. Puis, il est mort, et ses petits ont eu des petits. Cette famille est devenue la mienne et j'ai choisi mes amis parmi les livres.

« Personne n'a jamais pénétré notre univers. Génération après génération, les villageois se taisent, soucieux de ne pas réveiller les fantômes, à croire que l'été 1943 n'a pas existé.

« Oh ! je ne les blâme pas, ils ne peuvent simplement pas affronter la réalité, pas plus que je n'ai su le faire. Je ne porte pas de jugement. Ils ont fait ce qu'ils pouvaient et, en ce sens, rien ne me différencie d'eux.

« Vous êtes la première à poser sur moi un regard sans détour.

« Savez-vous que vous m'avez permis de faire remonter toutes ces strates de ma vie ? Ce sont vos yeux plongés dans les miens, votre contact physique, la douceur de votre peau contre la mienne, qui m'ont permis de renouer avec ce passé enfoui.

« Vous m'avez aussi permis d'accepter, ne vous moquez pas, que ni Maman ni Papa, ni mes frères et sœurs ne reviendront plus. À présent, je peux quitter la maison. »

Je n'avais nulle envie de me moquer et laissai échapper une larme que la main fripée de mon interlocutrice vint tendrement essuyer.

« Ne pleurez pas, sentez comme la paix est revenue en ce lieu… S'il vous plaît, quand je ne serai plus là, ayez la bonté d'ouvrir portes et fenêtres, que l'on sache au village que la maison est vacante. Prenez garde à bien refermer le battant du bahut, qu'aucun enfant ne vienne plus s'y cacher. »

Elle semblait épuisée par ce long voyage. Toujours assise entre mes bras, elle embrassa la paume de ma main gauche avant de se tourner lentement vers les chats installés en arc de cercle autour de nous.

« Mes amours, soyez heureux, ici ou ailleurs… Quant à vous qui m'avez écoutée et éveillée, rentrez chez vous maintenant et prenez soin de votre regard. »

Je me dégageai doucement, caressant au passage la joue de mon hôtesse, me levai et sortis en silence, sans me retourner. Dans le jardin, je ne retins plus mes larmes et, cette fois, c'est le petit chat roux de la lignée de Balthazar qui vint les lécher.

Je m'interdis les jours suivants de retourner dans la grande maison et résistai autant que possible à la tentation de l'observer depuis notre balcon. La vieille dame ne m'avait-elle pas annoncé son intention de la quitter ?

Pour me faciliter la tâche, je m'élançai vers la montagne dès le lendemain matin, revenant beaucoup plus tard qu'à l'accoutumée, les bras chargés d'une pleine brassée de fleurs que je fis sécher, tête en bas.

Puis, j'entraînai les miens pour une randonnée de deux jours. Au cours de la nuit en bivouac en contrebas de la frontière italienne, je ne pus m'empêcher de songer aux conditions dans lesquelles tant d'hommes, de femmes et d'enfants étaient passés par là bien avant nous, en cet été lointain.

Au retour de cette escapade, je me ruai sur le balcon dans l'espoir d'y revoir ses occupants. Si la plupart des chats dormaient au soleil, mon ami roux manquait à l'appel et je fus frappée de ce que le lourd volet de bois replié contre le mur laissait apparaître la porte-fenêtre, béante.

Tandis que la ronde des douches s'organisait sous mon toit, je décrochai les fleurs dont les teintes vives avaient déjà passé et me dirigeai vers la bâtisse abandonnée, car il s'agissait bien de ça.

Les chats ne firent aucun cas de mon arrivée et je pénétrai dans la cuisine où la vaisselle découverte quelques jours plus tôt reposait sur la paillasse de l'évier. Une grande paix régnait dans cette pièce, et je sus que la maîtresse de maison était partie sereine, escortée à n'en pas douter de son fidèle chat roux.

Je me plus alors à les imaginer au-dessus du village, gravissant la pente vers les cols ou les cimes, honorant la promesse faite par un père de s'échapper à travers la montagne. Un sourire aux lèvres, je disposai avec soin mon bouquet sur le bahut dont je venais de fermer les battants à double tour. Il ne me restait plus qu'à ouvrir toutes les portes et les fenêtres.

VACANCE

Les poissons encerclent Gabriel en une ronde souple et énergique. Il ne se lasse pas de cette danse qui l'étonne toujours autant, baignade après baignade. Comment des êtres qui n'existaient sans doute pas l'an dernier peuvent-ils concevoir que l'homme leur apporte du pain aux beaux jours, lorsque la température de l'eau invite aux bains prolongés ?

Comment peut-on se souvenir d'une expérience que l'on n'a pas vécue ?

En réalité, Gabriel ignore tout de l'espérance de vie des poissons. Peut-être certains dans ce banc ont-ils connu, l'été dernier, les sacs de pain rassis et trempé coincés dans les maillots de bain ? Seraient-ils de surcroît doués de mémoire ?

À cette pensée, notre nageur regarde différemment ces animaux peu réputés pour leur intelligence : avec respect, complicité aussi. Tous les yeux ronds semblent le scruter, donnant au banc des allures de marée humaine. Il se sent proche des poissons, presque de la même famille. Pour peu, il s'imaginerait à la veillée avec eux, au coin d'un vieux rocher moussu, écoutant, tout ouïe, les survivants de la saison passée raconter comment profiter sans danger des largesses humaines, comment avaler la mie de pain salée sans finir sur l'étal du marché.

Gabriel sourit sous le plastique transparent de son masque. L'idée lui plaît de rejoindre sars et saupes dans leur monde aquatique. Pourtant, il est attendu sur la terre ferme ; Mathilde a réservé une table à treize heures au restaurant de la plage des Tritons et ne supporte pas d'attendre. Elle attache beaucoup d'importance à ces moments, après une année scolaire au cours de laquelle elle a si peu vu ses enfants et leur père.

Pourquoi les a-t-elle si peu vus ? songe Gabriel un brin agacé. Il l'imagine déjà s'offusquant de cette remarque impertinente qui ne franchira pas ses lèvres – à quoi bon ? Il l'imagine donc protester d'une voix légèrement trop aiguë qu'elle est submergée de travail, qu'elle doit compenser le fait d'être femme, seule de sa condition au milieu d'une horde de collègues qu'il ne faudrait pas pousser beaucoup pour qu'ils se fendent d'un petit couplet machiste.

Tout dans le discours de Mathilde respire la contrainte ; à l'entendre, elle subit la vie.

Gabriel serait tenté de penser que lui-même subit Mathilde, mais il n'est pas dupe et sait qu'on n'endure rien ou presque à quoi on ne consente. Ce déjeuner, par exemple, fruit d'une savante organisation et d'un sens aigu du devoir, qui l'oblige à y participer ?

Pourquoi n'improviserait-il pas plutôt une parenthèse aquatique? Il pourrait s'enfuir avec une ondine, engager la conversation avec un poulpe ou chasser l'arapède sur les rochers alentour?

À cette perspective, Gabriel frétille. Le poisson en lui s'agite tandis que l'homme en a l'eau à la bouche. Il pose son regard à la surface de la mer, en direction des tables vers lesquelles se dirigent sans doute déjà les siens, puis, se tournant vers le large, il rajuste son masque et plonge.

L'eau est restée claire à la mi-journée et le soleil très haut dans le ciel lance ses rayons jusqu'entre les rochers, éclairant ici une étoile de mer rouge orangé, là une girelle qui se croyait cachée.

Gabriel frôle les algues de son ventre, ondule, bras le long du corps, dans le sillage de petits loups argentés. Cette intimité avec la mer et ses habitants le rassure malgré l'inconfort qui gagne ses poumons. Il remonte lentement à la surface, prend une inspiration ample et plonge à nouveau, plus profondément cette fois.

Il a toujours aimé l'apnée mais jamais elle ne l'avait grisé comme aujourd'hui. L'ivresse des profondeurs n'est peut-être que la folle tentation de devenir poisson? L'esprit de Gabriel divague agréablement tandis que son corps progresse le long de la digue qui sépare la plage du port. Quand il relève la tête, il est en vue de la statue qui marque l'entrée de ce dernier.

Il s'approche et salue la jolie sirène rivée à son socle de pierre. Reflet du soleil, imagination, fantasme? il jurerait qu'elle lui sourit et s'enhardit: il agrippe en se hissant les hanches étroites et caresse le galbe d'un sein. Le métal est chaud sous ses doigts et une sensation de bien-être envahit son corps.

Ses vacances viennent de commencer.

La notion du temps s'est estompée au fil de l'eau, mais Gabriel sait qu'il lui faut maintenant reprendre le chemin de la côte.

Quand il n'en est plus qu'à une centaine de mètres, son regard est attiré par un attroupement, une camionnette rutilante, des uniformes… Bigre ! Il comprend aussitôt pourquoi les sapeurs-pompiers se sont déplacés, mais ne regrette pas son escapade pour autant ; outre que son fils doit être ravi de voir ses héros de si près, Mathilde aura eu cette fois une raison valable de s'inquiéter.

Sa fille de quatre ans l'aperçoit, crie « Papa ! » et se précipite vers lui en riant. Gabriel agite la main hors de l'eau, animé par une joie insouciante. Il se sent désormais capable, comme ses enfants, d'accueillir l'instant ; en offrant à la Sirène le S superflu de Vacances, il s'est offert un supplément d'espace.

LES AILES D'ADÈLE

C'EST UN TROQUET DÉNUÉ DE CHARME, dont Pierre n'avait jamais été tenté de pousser la porte. Aujourd'hui, l'ambiance qu'il y a perçue depuis la rue l'a inspiré. L'endroit n'est ni un de ces bars branchés dont la capitale regorge, ni une brasserie au luxe anonyme, mais un lieu tout simplement vivant.

On se presse au guichet PMU tandis qu'au comptoir, les habitués avalent en vitesse un café et les propos fatalistes que le patron débite d'un ton bonhomme.

Rares sont les tables occupées. Pierre en a choisi une petite, à l'écart du flot continu des chalands.

Calme intérieur, agitation ambiante. Un souvenir surgit. C'est la fin d'après-midi, un samedi ou un dimanche ; pris par la fièvre, il a avalé une purée de pommes de terre très allongée de lait avant de gagner son lit d'enfant. Les voix de ses parents lui parviennent, mais leurs paroles sont brouillées, il les entend s'affairer autour du dîner et devine leurs gestes. Son bien-être est extrême. Il voudrait que cet instant dure toujours mais la torpeur l'envahit, à laquelle il s'abandonne avec délices.

Pas question de dormir à présent ; il s'agit de terminer le chapitre qui servira de transition avec la suite du roman qu'il a déjà en tête. Un trait d'union en somme, une quasi-formalité dont il espère s'acquitter dans ce café.

Mais ce matin, les idées s'enchaînent maladroitement et les mots sont récalcitrants. La conclusion tarde à venir et le personnage s'accroche à l'intrigue, comme s'il exigeait davantage d'espace avant de céder la place. Pierre sourit à l'idée que cet être virtuel, qui n'existe que par lui, puisse être doté d'intentions.

Pourtant, il voit la suite de son texte. Il la palperait même tant sa réalité est tangible.

Un peu de temps passe, les symptômes persistent. Pierre, dont l'imagination est devenue une alliée au fil des textes, sent qu'elle lui joue à présent un sacré tour. Ne se présentent à son esprit que des variations sur le thème de la guérison alors que sa vieille dame – personnage central du chapitre – devait bientôt mourir, permettant ainsi à deux de ses fils de se retrouver après des années de brouille silencieuse.

Il secoue la tête pour dissiper le malaise et lève les yeux de son cahier. Le manège se poursuit autour du comptoir que les coudes n'en finissent pas de faire briller. La patronne trône derrière sa caisse, régnant en despote absolu sur les clients pleins d'espoir qui s'en remettent encore et toujours au hasard. La probabilité est bien faible pour eux de gagner gros, tout juste peuvent-ils espérer rembourser leurs paris successifs. Peu importe.

De même, bien maigres sont les chances d'Adèle – que l'on avait quasiment enterrée – de revoir le printemps ! Pourtant, quand Pierre reporte son attention sur le papier, les seuls mots qui lui viennent à l'esprit sont ceux de la vitalité retrouvée. Les joues qu'il venait de décrire creuses et grises se parent sous sa plume d'une jolie nuance de rose tandis que les yeux qu'il avait presque fermés s'ouvrent sur un regard qu'il qualifie malgré lui de clair et vif !

C'en est trop ! Pierre est tout de même maître en son domaine, c'est lui seul qui décide du sort de ses personnages, et il n'est pas né le héros qui inversera les rôles.

Il referme son cahier d'un geste sec, règle sa consommation et quitte ce lieu qui ne lui réussit guère. Tout rentrera dans l'ordre quand il aura retrouvé ses marques.

Dès l'entrée, il se sent en sécurité dans l'appartement calme et clair, loin de l'agitation frénétique du PMU et de sa ronde d'espoirs déçus.

Il est pourtant coutumier des lieux de passage, qui nourrissent sa prose. L'absence de repères le conduit à aller débusquer des idées jamais explorées auparavant, auxquelles il offre des formes étonnantes. Il ressent un vif bonheur à ne pas reconnaître ses propres mots, à les découvrir plutôt qu'il ne les relit.

Aujourd'hui, il est inquiet, et la perspective de ce qu'il connaît le rassure.

Au seuil de son bureau, cette pièce qu'il aime par-dessus tout, il hésite. Le regain de vitalité de la vieille dame lui revient à l'esprit, qu'il avait presque oublié en chemin. Décontenancé, il se dirige vers la salle de bains où il laisse longuement l'eau ruisseler sur ses avant-bras. Sous le jet frais, il masse de sa main gauche celle qui refusait tout à l'heure de tracer les mots attendus.

Il prend place à sa table de travail. Le cahier qui l'accompagne dans ses déplacements est ouvert aux côtés de l'ordinateur. Pierre aime le moment où ces deux supports se fondent en un texte enrichi.

Hélas, quand il reprend sa prose, c'est pour faire sortir Adèle du lit dans lequel elle gisait, moribonde, quelques lignes plus haut ! Ses doigts sur le clavier organisent la guérison, désormais inéluctable, de l'aïeule… Ses descendants devront trouver une autre occasion pour se rabibocher !

Pierre souffre. Il voudrait laisser son travail en plan, fuir.

Il se lève comme un pantin, se dirige à nouveau vers la salle de bains et se déshabille lentement. Cette fois, c'est son corps tout entier qu'il lavera. Noyer sa peur et la voir s'enfuir au fond de la cuve émaillée.

À force de fixer cette dernière, la tête lui tourne, entraînée par l'eau qui tourbillonne autour de la bonde ; n'a-t-il pas appris un jour que, dans l'autre hémisphère, elle s'écoulerait en sens inverse ? L'effet Coriolis se souvient-il, surpris par la réminiscence. Peut-être que là-bas, son histoire suivrait le cours prévu ? L'esquisse d'un sourire égaie sa mine déconfite.

Il est resté longtemps sous la douche. Rien ne sert d'éluder, il doit à présent retourner à sa table de travail et affronter la vieille dame insoumise. Il lui parlera s'il le faut, lui proposera un autre rôle dans un prochain texte, et elle acceptera de mourir en attendant.

Il en va ainsi des personnages romanesques : riches de plusieurs vies, ils peuvent reporter à la prochaine les désirs inassouvis, les actes qui n'ont pas été accomplis.

Ragaillardi, Pierre se remet au travail. Adèle l'attend là où il l'avait quittée, debout dans sa cuisine, occupée à se préparer un chocolat chaud à l'ancienne. À la cuillérée de cacao Van Houten déposée au fond du vieux bol ébréché juste avant la douche de Pierre, elle s'apprête à ajouter double quantité de sucre blanc…

L'écrivain est tourneboulé : sa créature n'avait-elle pas renoncé à ce poison depuis longtemps ? Elle perçoit son étonnement et lève vers lui son regard bleu transparent : « Quelle importance cela peut-il bien avoir puisque je vais mourir ?… À moins que vous ne nourrissiez d'autres projets pour moi à présent ? »

Pierre blêmit. La diablesse s'amuse de son trouble.

Il n'ose plus parler à l'insolente et se concentre plutôt sur le mot juste pour décrire comment elle incorpore doucement le lait frémissant au cacao sucré.

Le liquide chaud coule dans la gorge d'Adèle qui rosit de plaisir. Pierre est attendri. Il se réjouirait presque pour elle. Au diable son intrigue ! Adèle reprend goût à la vie, et il semble juste de l'accompagner.

Il songe un instant aux deux frères qui rendront visite à leur mère tout à l'heure : faut-il les prévenir ou les laisser constater par eux-mêmes le miracle opéré ? Jaillissent alors sous ses doigts ces mots de l'aïeule : « Je me sens des ailes à présent… Si je partais en balade ? Il est vrai que Jules et Charles ont prévu de passer cet après-midi, mais cela leur fera les pieds, après tout ! Quels sots… Pour une broutille, ils se boudent depuis des années, drapés dans leur orgueil démesuré. Il aura fallu la perspective de ma mort imminente pour qu'ils envisagent de faire la paix. Qu'ils trouvent donc un autre prétexte pour ce faire ! »

Pierre ne peut réprimer un sourire à l'idée qu'Adèle joue un tel tour à ses grands fils. *La Vieille Dame Indigne* de Brecht, incarnée avec brio à l'écran, lui revient en mémoire. L'impossible *Tatie Danielle* aussi, qui sillonnait à vive allure les routes de ses vacances impromptues. Mais ces deux femmes voyageaient en compagnie, et Adèle est bien seule.

Sa voix fluette mais énergique monte vers lui :

« Pierre, m'emmèneriez-vous en voyage ?

– Il me semble, Adèle, que c'est plutôt vous qui allez m'emmener !

– Ne jouons pas sur les mots. Préparez-moi, préparez-vous aussi, car nous partons ! »

Pierre obtempère gaiement. Il choisit des vêtements chauds et confortables pour sa vieille dame, lui apporte un sac défraîchi, mais encore joli, dans lequel elle fourre quelques affaires, et lève la tête de son écran. Par la fenêtre, les rails qui vont et viennent à proximité de la gare de l'Est l'invitent au voyage.

Un haut-parleur annonce un départ pour Francfort, mais pourquoi passer la frontière ? Adèle et lui ont juste besoin de changer d'air. Metz offrirait un parfait dépaysement, Nancy aussi d'ailleurs. Sacrée Adèle, capable de rendre soudain attrayant le bassin sidérurgique !

Pierre l'aide à s'habiller et l'installe confortablement dans son fauteuil préféré, un vieux club dont le cuir patiné lui semble aussi doux que la peau diaphane de la vieille dame. Ces deux êtres, qui ont sans doute le même âge, pourraient être les grands-parents qu'il a si peu connus. Avoir pour grand-père un fauteuil fatigué est déjà en soi étonnant, mais que sa compagne soit une protagoniste de roman qui refuse de mourir l'est bien davantage !

L'idée d'avoir de tels antécédents, si saugrenue soit-elle, ravit Pierre. Nulle peur en lui à présent. L'homme jubile. C'est la joie de vivre qui lui revient, après longtemps d'absence.

Il explique avec douceur à Adèle qu'elle peut se reposer tandis qu'il se prépare, qu'il la réveillera au moment opportun. Confiante, elle s'endort aussitôt.

Pierre l'observe calmement, admiratif : quelle volonté anime cette frêle silhouette ! N'est-ce pas elle qui a orchestré leur départ ? En contrepoint de cette force, une étonnante capacité d'abandon révèle la vulnérabilité d'Adèle. C'est cette dualité qui la rend tellement humaine.

Il éteint son ordinateur, le glisse dans un sac avec le cahier et ajoute rapidement quelques vêtements.

Il enfile ses mocassins favoris, qui connaissent la route pour lui, attrape son manteau et saisit son sac.

C'est le départ.

Pierre se lance rue de l'Aqueduc, dans la partie où elle enjambe les voies. Il est passé mille fois par là, et mille fois il a tourné la tête vers les rails fuyant la ville.

En emménageant à Paris, il s'était senti riche de tous les possibles : cafés, théâtres et musées seraient désormais à sa portée, qu'il choisît ou non de les fréquenter. La proximité avec la gare de l'Est lui laissait en outre entrevoir au quotidien la possibilité d'un ailleurs ; le moment de l'évasion est venu.

À gauche, voici la rue d'Alsace et son escalier à la rampe ventrue. C'est tout juste si Pierre sent sous ses pieds agiles les marches s'égrener, il volerait presque. Dans son dos, Adèle se repose avant l'aventure. Elle prend des forces pour deux.

Les voies sont là, un train à quai promet Charleville-Mézières au bout de sa course. Pierre est tenté par une visite aux Carolomacériens, une sorte d'hommage rimbaldien. Nul doute qu'Adèle trouvera à son goût la visite aux « mesquines pelouses » bordant le kiosque à musique du square de la gare.

Quelques instants plus tard, Pierre monte à bord de l'Intercités.

Le train s'ébranle doucement, passe en contrebas de chez lui, de la fenêtre depuis laquelle il a observé tant d'allées et venues. Il ne sait plus en cet instant s'il est voyageur ou spectateur ; est-ce lui qui bouge ou le monde autour de lui ?

C'est Adèle qui le soustrait à ce vertige. Pierre a posé son ordinateur sur la tablette ; la vieille dame se réveille doucement et s'étire.

Elle sourit en fixant le vide, toute à son bonheur de partir en voyage, preuve s'il le fallait que ce dernier a bel et bien commencé. Puis, les yeux bleus qui semblaient promis il y a quelques heures encore au repos éternel, font la mise au point sur le paysage qui défile au-dehors. Le train n'est pas un de ces TGV que Pierre a coutume de prendre et qui ne permettent pas aux noms des patelins traversés à toute vitesse de s'imprimer sur la rétine : l'allure douce à laquelle il chemine est une invitation à observer l'extérieur.

Pierre regarde Adèle regardant et s'émerveille de tant de concentration. Par les yeux de la vieille dame, lui qui s'était replié sur son paysage intérieur pose à nouveau son regard sur le monde. Les maisons défilent, les rues s'échappent de part et d'autre de la voie ferrée, des silhouettes ponctuent le décor urbain, lui donnent un rythme. C'est là que se trouve le matériau des histoires qu'il lui reste à tisser.

Pierre s'imprègne doucement de ce qu'il voit, de ce qu'il sent.

Quelle rencontre que cette Adèle ! Et penser qu'il l'avait condamnée… Il frémit.

Le train sort tout juste de la grande couronne lorsque retentit la sonnerie du téléphone de Pierre. « Jacques » s'est affiché sur l'écran. Comment a-t-il pu oublier le rendez-vous avec son éditeur ? Le train est parti à l'heure qu'ils s'étaient fixée !

Pierre n'en conçoit aucun regret. De toute façon, son chapitre n'était pas terminé. Il est serein, fortifié par l'audace d'une vieille dame ressuscitée.

Sans attendre que lui parvienne le message de Jacques, il tape quelques mots sur le minuscule clavier : *Adèle rétablie contre toute attente. Suis parti avec elle à la découverte de qui je suis. Puisses-tu me comprendre. Te donnerai des nouvelles au plus tôt. Pierre*

La vieille dame sourit, heureuse d'avoir su dévier la route impeccablement tracée de Pierre. L'horizon est dégagé.

INDÉLICATESSE

Ce matin-là, un des tout premiers du mois d'août, l'appartement d'Élise évoque un champ de bataille. Ce remue-ménage n'est pas l'œuvre d'un cambrioleur méthodique, mais de la jeune femme elle-même. Debout dans son salon, bras ballants, elle semble à peine déçue de ne pas avoir mis la main sur le cahier à couverture de cuir noir souple. Elle sait ce qu'il est advenu de l'objet.

Quand elle l'a cherché dans sa besace en maroquin grenat, elle a aussitôt visualisé le comptoir de la vieille papeterie nantaise où elle s'était rendue la veille, comme quelqu'un qui se sent barbouillé voit l'aliment responsable de son indisposition.

Il ne restait que quelques pages vierges au cahier, et Élise, désireuse d'en acheter un nouveau, a poussé avec appétit la porte de ce sanctuaire du papier. Après avoir échangé quelques mots avec la maîtresse des lieux, femme affable et passionnée, elle a posé son manuscrit près des piles de cahiers à la couverture épaisse, en a choisi un de même format, mais d'un marron soutenu, et n'a sans doute pas repris l'ancien.

La boutique fermant le soir même pour de longs congés d'été, Élise n'a pu vérifier cette hypothèse. Frustrée à la perspective de l'attente, elle a entrepris de retourner son appartement, pas tant dans l'espoir de retrouver le précieux objet que pour s'occuper et calmer son angoisse.

Une quinzaine de jours plus tard, bien que l'air limpide invite à une balade le long de la Seine, Antoine reste confiné dans son petit appartement du Marais, aux prises avec son impatience. Sans doute n'a-t-il jamais été aussi tendu vers une réponse, pas même quand, adolescent, il attendait celle d'une jeune fille à qui il avait déclaré sa flamme.

Quoiqu'un signe de François soit improbable en ce 15 août, Antoine tripote son téléphone comme si cela avait le pouvoir de le faire sonner et guette fébrilement sur le petit écran la notification des messages entrants.

L'attente lui paraît d'autant plus longue que son éditeur est d'ordinaire assez prompt à donner son avis.

Deux semaines passent encore. Très au sud de la Loire, à six cents kilomètres de Nantes et de Paris, la grande maison de Claire respire la quiétude. La seule impatiente qu'on y trouve est la balsamine qui attend sur le grand buffet de l'entrée qu'on veuille bien l'abreuver un peu.

Claire est partie ce matin à l'aube arpenter la campagne gardoise et en a rapporté une pleine brassée de fleurs qu'elle arrange à présent avec tendresse dans un joli vase en verre soufflé.

La légère inclinaison de sa tête souligne la douceur de la nuque, que dégage par ailleurs le chignon relevé assez haut autour d'une pique en bois.

Très jeune, Claire attachait déjà ses cheveux de la sorte. Si le châtain mordoré est devenu un doux gris aux reflets argentés, le geste est resté le même, à la fois simple et insaisissable pour qui l'observe.

Claire pense à sa fille. Lors de son dernier passage, elle avait décoré sa chambre d'un bouquet semblable à celui-ci, aux teintes plus vives cependant, car on était alors au cœur du printemps.

L'ambiance est à présent bien différente, quasi automnale. La nuit tombe beaucoup plus tôt en cette veille de septembre, avançant d'autant le spectacle du ciel étoilé, auquel Claire assiste avec assiduité.

Nouer ses cheveux, composer des bouquets, remiser la chaise longue sous l'appentis après avoir observé les astres… Autant de gestes simples et rassurants qui rythment son quotidien.

Élise lève la tête de l'ouvrage auquel elle travaille avec ardeur depuis le début de l'été. C'est là, entre deux lettres de ses grands-parents, qu'elle doit insérer l'évocation de la communion de sa mère. Comme le cahier égaré lui manque ! Elle se souvient que la papeterie a rouvert hier, dernier mardi du mois d'août et se précipite sur son téléphone. Hélas ! rien n'a été retrouvé à ce jour ; la voix chaleureuse ajoute qu'elle sera informée s'il y a du nouveau, et Élise remercie sans grand espoir.

C'est décidé, elle retournera à la Baraque pour réécouter les souvenirs de sa mère. Sa tête est pleine encore des anecdotes égrenées d'une voix douce, mais certains détails importants ne lui ont-ils pas échappé ? Seul un retour à leur source, auprès de celle qui conte si bien des pans entiers de sa vie, saura apaiser ses craintes.

Paris est belle en cette fin de mois d'août mais Antoine n'en goûte pas la saveur. Acquis désormais à l'idée que son manuscrit restera sans écho, il erre dans la ville tel un somnambule, coupé de ses sens. C'est dans cet état de détachement mélancolique que le cueillent ces quelques mots inattendus, blanc laiteux sur l'écran noir de son téléphone: *Beaucoup aimé ton texte, prévoir dès que possible un peu de relecture. Pourquoi ne viendrais-tu pas passer deux jours à la maison? Personnage de Blanche très attachant et extrêmement vivant, bravo!*

Incrédule, Antoine se frotte les yeux et relit le message: c'est écrit là, il est bel et bien invité à passer le week-end chez son éditeur! Il exulte. C'est bien plus qu'il n'aurait jamais osé espérer. Il en crierait presque tandis que l'air frais emplit ses poumons comme ceux d'un nouveau-né. L'odeur de la ville chatouille ses narines endormies, et il croit voir une ondine s'ébrouer au sortir de la Seine lorsqu'une femme le dépasse de sa démarche ondulante.

Au même moment, Claire raccroche, amusée par l'annonce de la visite d'Élise. N'a-t-elle pas évoqué ce matin même son dernier passage? La vie devient simple dès lors qu'on écoute ses pensées profondes sans se laisser déranger par le bruit du monde. Il est vrai que ce dernier arrive à grand-peine à la Baraque. La vieille maison est tellement silencieuse qu'on y entend facilement le battement de son cœur.

Quelques jours plus tard, le TGV d'Élise entre dans la capitale. La jeune femme pose un pied sur le quai, puis le second, sans hâte, indifférente à l'agitation qui règne Gare Montparnasse. Elle soigne toujours son arrivée dans une ville, qu'elle y débarque en train ou en avion. Le quai, le tarmac en représentent le seuil. Il est juste d'y marquer une pause, de s'y essuyer les pieds en signe de respect.

Élise laisse le flot des voyageurs se disperser et se dirige avec nonchalance vers le métro, savourant le temps dont elle dispose. Au prochain train pour Nîmes, qui partira de la Gare de Lyon à 12h07, elle a préféré le suivant, prévu deux heures plus tard. Quitter Nantes à neuf heures pour arriver à Nîmes à 17h06 avec un changement de gare à Paris n'est certes pas un trajet optimisé, mais Élise aime les voyages lents, dont le rythme permet de prendre la mesure.

Place d'Italie, la rame de métro se vide un peu. Aérienne, la ligne 6 court alors entre les rangées d'immeubles du boulevard Vincent Auriol. La plupart des passagers ont le regard absorbé par un écran, les pages d'un livre ou d'une revue. Certains l'ont tourné jalousement vers l'intérieur. Celui d'Élise se faufile avec gourmandise dans les foyers qu'aucun rideau ne protège, y débusque des silhouettes, des fragments de vie. Ces tableaux dérobés lui plaisent davantage qu'une exposition de peinture aux œuvres figées, si belles soient-elles.

Depuis Bercy, elle rejoint à pied la Gare de Lyon, achetant au passage un sandwich parisien dont la baguette lui semble croustillante et la couche de beurre, généreuse.

Il lui reste encore une heure et demie avant le départ de sa correspondance. La perspective de ce temps mort l'enchante. Comme le silence fait partie intégrante du rythme musical, les pauses permettent d'aérer le quotidien, d'accueillir ce qui va suivre.

Elle se dirige vers le bar du Train Bleu, lieu rêvé en la circonstance. Un serveur stylé – sans être guindé – lui sert rapidement un jus de tomate qu'elle assaisonne avec lenteur. Le mouvement circulaire que fait sa main pour mélanger le breuvage semble capter toute son attention.

À deux fauteuils Chesterfield de là, Antoine observe la scène, captivé par l'absence totale d'empressement ainsi que par la concentration de la jeune femme. Il a tellement tendance à se disperser ! À cet égard, la perspective de deux jours de travail à Nîmes l'effraie autant qu'elle le réjouit ; saura-t-il s'atteler sans relâche à la relecture de son manuscrit ?

La tâche promet d'être rude. De nombreuses corrections doivent être apportées, excepté dans le chapitre décrivant la mère de la narratrice, qui a séduit François dès sa première lecture et restera en l'état.

L'évocation de ce passage assombrit le visage d'Antoine, qui secoue la tête pour décourager toute velléité de tristesse. Il serait stupide de laisser quelques scrupules gâcher la fête, mieux vaut assurément s'abîmer dans la contemplation de cette voluptueuse figure féminine ! Une peau claire rehaussée de noir par un bandeau de cheveux épais, une joue délicieusement arrondie, un nez busqué sans excès ; il se dégage de sa personne un charme un peu désuet qui émeut Antoine et l'émoustille aussi.

Il sursaute en entendant une voix claire : « Vous attendez mes condiments pour votre chocolat chaud ?! ». Le sourire moqueur de la jeune femme lui plaît.

Élise regrette déjà son intervention. Peu lui importe le manège d'un inconnu qui va prétendre dans quelques instants qu'il est tombé sous son charme, amoureux peut-être même ! Que n'est-elle demeurée dans ses pensées, à observer le liquide rouge éclairé de points grèges ? Quel besoin avait-elle de rompre le rythme si doux de son voyage ?

La réponse de l'homme ne tarde pas.

« Je prends habituellement mon chocolat chaud sans Tabasco, mais quelque chose dans votre attitude m'a intrigué, attiré si je puis dire… On ne décèle pas le moindre empressement dans vos gestes, c'est assez beau à regarder. Il est si rare que l'on prenne son temps.

– Mieux vaut être patient quand on se rend de Nantes à Nîmes, ne croyez-vous pas ? répond Élise, sensible à l'éloge.

– Nantes ? J'y suis passé récemment… Me croirez-vous si j'ajoute que vous avez la même destination que la mienne ?!

– Si vous le dites… D'ailleurs, vous le dites bizarrement, comme un livre ! On entend généralement « la même destination que moi ».

– C'est sans doute que je répugne à parler de moi !

– C'est pourtant là ce que vous faites…

– Vous êtes féroce ! Je parle comme un livre parce que j'en écris, des livres, voilà tout.

– Formidable ! Nous aimons la lenteur, fréquentons Nantes et Nîmes chacun à notre façon et écrivons tous les deux… Je vous prie de n'y voir qu'une simple coïncidence et non la promesse d'une passion féconde.

– Dites, jeune effrontée, qui vous dit que je ne suis pas un homme marié ?

– L'êtes-vous ?

– Non…

– Vous voyez ? Et maintenant, si vous le voulez bien, je vais m'abandonner au silence d'avant notre rencontre, si magique fût-elle.

– Vous riez, mais nierez-vous que nous présentons de troublants points communs ?

– Il est probable que nous en ayons fait le tour. Si tel n'était pas le cas, la vie n'hésiterait pas à nous remettre en présence l'un de l'autre… C'est pourquoi je n'ai aucune difficulté à interrompre là notre échange, voulez-vous ? »

Antoine perçoit le sérieux de la demande. Pourtant, il répugne à quitter son interlocutrice ; quelque chose en elle le retient malgré son ton cassant. Aussi s'entend-il lui demander ses coordonnées, afin, dit-il, de lui soumettre son dernier manuscrit, une fois achevé.

L'audace est-elle payante ou est-ce la lassitude qui guide Élise, comme une mère finit parfois par céder à un enfant exigeant pour obtenir la paix ? Toujours est-il qu'elle griffonne son adresse électronique sur une feuille dont Antoine s'empare avec avidité.

« C'est joli, Élise, vous êtes dans la vraie vie, n'est-ce pas ?

– J'ai lu Claire Etcherelli, adolescente. Si vous m'envoyez votre texte, je le lirai peut-être aussi, quand j'aurai mis le point final à celui qui m'accapare. Au revoir…

– Antoine, je m'appelle Antoine.

– Au revoir, Antoine.

– Au revoir Élise, bonne continuation. »

Le silence s'empare à nouveau de ce coin du café. Élise se tourne vers son jus de tomate comme si Antoine n'avait jamais existé tandis que ce dernier s'évertue à ne pas la regarder.

Une demi-heure avant le départ du train, dans un élan de délicatesse qui l'étonne lui-même, il quitte les lieux à regret, non sans saluer la jeune femme d'un signe de tête qui reste sans réponse.

Le hasard ne les a pas placés dans la même voiture. Antoine se console en caressant du bout des doigts le petit papier qui le relie à Élise. Quant à cette dernière, elle ne pense plus du tout à l'homme du Train Bleu, mais à son cahier disparu, dont elle espère reconstituer le contenu sans tarder.

Antoine est un des tout premiers à descendre en gare de Nîmes ; il lui faut en effet devancer les autres voyageurs à la station de taxis. Ce qui n'était au début qu'une simple tendance est devenu un défi personnel. Cette performance insensée lui permet de considérer ses semblables comme une masse molle, un collectif amorphe. C'est qu'Antoine ne pratique plus de sport depuis bien longtemps et en conçoit une culpabilité qui se dissout à bon compte dans le mépris d'autrui.

Malgré sa hâte, il se retourne à l'entrée du hall sur une femme au port altier, qui semble attendre quelque voyageur. Portant la main à ses cheveux d'un gris lumineux, remontés en chignon, elle en retire une sorte de tige qu'elle place dans sa bouche, rassemble dans ses mains les cheveux épars et les immobilise à nouveau par un geste aussi mystérieux qu'élégant. L'édifice tient comme par miracle sur la nuque dégagée. Antoine s'éloigne vers les taxis avec une sensation étrange de déjà-vu et la crainte d'avoir été devancé.

Une poignée de secondes plus tard, Élise est dans les bras de sa mère. Si le corps qu'elle serre contre le sien lui semble encore plus frêle qu'au printemps, il en émane toujours la même paix contagieuse. Quand l'étreinte des deux femmes se relâche, les mains délicates de Claire, à peine épaissies par les travaux de jardinage, se referment avec énergie sur celles de sa fille tandis que son regard empreint de douceur lui souhaite la bienvenue. Peu de mots ont été prononcés.

La 2CV vert pomme suit le ruban asphalté qui se déroule doucement entre vignes et garrigue, dans la lumière rasante de fin d'après-midi. Les couleurs vives de l'été ont disparu sans que les collines aient encore revêtu leur parure d'automne. Le paysage semble avoir été composé dans une de ces tonalités mineures propres à donner du vague à l'âme.

À l'approche de la Baraque, Élise se défend des premiers assauts de la nostalgie. Bien qu'elle n'ait jamais vécu dans cette grande bâtisse, les récits qu'elle vient y chercher la ramènent au passé. Qu'importe ? Ce détour est salutaire puisqu'il lui permettra d'achever sa saga familiale et de passer à une écriture plus distanciée. Pour étoffer l'histoire fantastique dont elle a ébauché le canevas, elle doit s'affranchir de la sienne.

Quelques heures plus tard, lovée dans un plaid de laine et d'angora, un verre de Costières de Nîmes blanc à la main, elle se délecte de l'histoire qu'elle connaît déjà : la passion entre un homme juif et une femme catholique qui ne croient qu'en leur immense amour, mais à qui on rappelle très vite qu'ils appartiennent à des mondes différents.

Séparés au tout début de leur mariage, ils entament une correspondance dont l'abondance n'aura d'égale que le caractère enflammé. Une première petite fille vient au monde pendant la guerre, puis revient la paix et avec elle le papa. Naît alors Claire qui se sent bien petite et bien seule – malgré la présence de sa sœur aînée – entre ces deux géants qui semblent se suffire à eux-mêmes et s'écrivent toujours.

C'est dans ce contexte qu'arrive le jour de sa première communion, dont une tante lui a dit que ce serait le plus beau de sa vie. Le soir, ne voyant toujours rien venir d'extraordinaire, Claire fait les pieds au mur dans sa belle robe blanche et un élan de joie. Sa sœur est choquée, et Claire se sent aussitôt coupable. D'avoir manqué de respect à sa belle robe ou à un dieu dont elle ignore tout, de ne pas avoir su faire de cette journée un moment exceptionnel et, si cela ne suffisait pas, d'être venue au monde.

Très vite, la petite fille triste et inquiète se rebelle contre les conventions et emprunte les chemins de traverse, en quête de la liberté visée à travers ce geste « irrévérencieux ». Elle refuse ainsi le mariage, autre jour supposé très heureux de la vie des femmes. L'idée de faire pour la seconde fois les pieds au mur en robe immaculée lui plaît, moins toutefois que la *Non-Demande en Mariage* de Brassens, sortie en 1966 alors qu'elle fête ses dix-neuf printemps.

L'absence de contrat n'y changera rien, les relations de Claire avec les hommes sont faussées par l'image sacralisée du couple de ses parents. Elle fait l'expérience de la fusion maladive, celle non moins dangereuse de l'indifférence affectée, et son cœur se déchire au fil des histoires malheureuses.

Claire s'interrompt. Le regard perdu, elle frissonne. Une profonde inspiration détend ses traits tandis qu'elle reprend.

C'est le moment qu'attend Élise, le point d'inflexion du récit qui marque l'arrivée de la lumière dans la vie de sa mère. Après longtemps de souffrance, aidée par les hasards et les rencontres, guidée par un formidable appétit de bonheur, la jeune femme sort de sa chrysalide, jusqu'à atteindre la liberté convoitée depuis son enfance.

La seule constante dans la trajectoire de la chenille devenue papillon, outre cette inimitable façon de relever ses cheveux, est le refus de l'écriture. Claire développera en revanche d'admirables talents de conteuse.

Sa voix se fait encore plus douce, caresse les oreilles d'Élise : « Ma toute petite fille, ma très grande, tu penses avoir besoin de moi, mais tu te trompes. Tu n'as d'ailleurs pas davantage besoin de ce cahier égaré, crois-moi ! Fais avec ce que tu sais, avec ce que tu es, et tu dessineras ta route, à ton rythme… Chacun de nous possède le sien qu'il importe de trouver sans jamais se juger. La cigale ne passe-t-elle pas plusieurs années sous terre, sous la forme d'une larve, avant d'aborder sa vie aérienne qui durera moins de trois mois ? Souhaite-t-elle jamais qu'il en soit autrement ? »

Élise sourit. Elle n'ignore rien de la patience des cigales ni de son manque d'empressement à devenir une femme. Elle aura bientôt trente-trois ans, l'âge qu'avait Claire à sa naissance…

L'inconnu du Train Bleu lui revient en mémoire, qui semblait fasciné par sa lenteur. Un amateur de cigales peut-être, un collectionneur d'exuvies ? Qui sait s'il lui enverra le manuscrit dont il parlait ?

Pendant ce temps, à Nîmes, dans le bel appartement que François a aménagé au-dessus de sa maison d'édition, derrière les Jardins de la Fontaine, Antoine sirote son deuxième verre de Gevrey-Chambertin. Il lui faut bien cela pour s'atteler à la relecture ! Le texte doit être repris dans sa quasi-intégralité. Comme annoncé, seul le passage où il est question de Blanche est épargné. Outre que le personnage est attachant, François a été conquis par l'univers ainsi que par la sensibilité de la description : « Le style de ce chapitre est remarquable, comme si tu avais été touché par la grâce en le rédigeant ! » confie-t-il à l'écrivain. Ce dernier balbutie un remerciement.

C'est épuisé mais soulagé qu'Antoine prend congé de son hôte : ce dernier juge que le roman est abouti, et c'est bien là tout ce qui compte à présent !

Quant à lui, il ne sait plus quoi penser de ce texte tellement remanié qu'il lui échapperait presque, excepté ce fichu passage qui est resté en l'état mais ne lui a jamais réellement appartenu non plus !

Il se surprend à chercher du regard la jeune femme du Train Bleu parmi les voyageurs qui se pressent sur le quai de la gare de Nîmes. Reconnaîtrait-il seulement sa silhouette, lui qui n'a observé que son beau visage ? Il se souvient de la volupté qui s'en dégageait, mais aussi de sa dureté soudain apparue. Une personne ambiguë sans doute, capable de se montrer ironique et hostile comme d'adresser la parole à un inconnu et de lui confier ses coordonnées ! Antoine préfère oublier qu'il a été artisan de la rencontre et combien elle l'a ému. Au fond de la poche de son jean, la petite boule de papier froissé attend son heure…

Car le sort en est jeté. De retour chez lui, Antoine décidera de faire parvenir son texte à Élise et rédigera quelques mots d'accompagnement sur un ton détaché. Au moment d'appuyer sur la touche *Envoi*, il sera transporté dans le hall de la gare de Nîmes, où cette femme majestueuse refaisait son chignon à l'aide d'une pique à cheveux.

Il comprendra alors que si le geste l'a troublé, c'est qu'il lui était familier, comme peut être familière une scène décrite avec minutie.

De Nîmes, il sera catapulté sans ménagement à Nantes où il s'est rendu début août et visualisera le cahier trouvé dans une papeterie. Vaguement étonné d'avoir évacué le passage de la pique à cheveux – quel homme se soucie de la façon dont se coiffent les femmes ? –, il songera évidemment à cet autre passage que l'on retrouve presque mot pour mot dans son roman et où il est question des acrobaties d'une petite communiante désenchantée mais pleine de vie.

Alors seulement, Antoine aura peur et essaiera de se convaincre que tous les chignons du monde se valent. Il pensera : « Quand bien même il s'agirait de la femme qui a donné naissance au personnage de Blanche, que diable allait-elle faire en gare de Nîmes ? », et il aura la réponse. Mais au lieu d'écouter la voix lui soufflant qu'elle attendait Élise, il se répètera qu'il aurait été vain de restituer à la propriétaire du magasin le cahier abandonné et qu'il n'y a pas grand mal à profiter intelligemment des hasards de la vie. Cette mauvaise foi ne lui sera d'aucun secours. Il sera trop tard, le message aura été envoyé et il sera juste permis à Antoine de douter de l'accueil réservé à son œuvre.

PAS DE DEUX

« J'LEUR AVAIS BIEN DIT qu'il fallait du renfort! C'est d'la folie d'avoir accepté de bosser dans ces conditions… Robert, on n'va jamais s'en sortir tout seuls ! »

L'homme éructe, très affecté, et ponctue son invective de grands moulinets des bras. Son bleu de travail un peu trop large offre prise au vent et à le voir gesticuler de la sorte, on jurerait un épouvantail. Ni les mouettes ni les canards ne semblent pourtant prêter attention à la silhouette courroucée qui poursuit de plus belle : « Toujours la même chose, les vieux écopent du sale boulot ! Elle est où, la relève, Robert ? J'te d'mande un peu, elle est où ? »

Seul un léger clapotis répond à cette question. Détachement, habitude ou mélange des deux ? Robert reste silencieux et ne cède à aucune agitation, à croire que la perspective d'un dur labeur ne l'effraie pas.

C'est qu'il a l'habitude, vingt ans qu'il connaît la chanson ! Six jours sur sept quel que soit le temps, départ à l'aube et retour à la nuit tombée le plus souvent, tel est son lot depuis bien longtemps.

Émile, son irascible co-équipier, est lui aussi rompu à ce rythme difficile, mais il n'en a jamais pris son parti. À présent que l'heure de la retraite approche, il supporte encore plus difficilement les rudes conditions de travail. Chaque jour qui le sépare de celui où il rendra son tablier lui pèse encore plus que la veille.

Son attitude s'est considérablement durcie envers la hiérarchie. Lui qui n'avait manifesté longtemps qu'une méfiance naturelle envers les patrons guette maintenant leurs erreurs sans la moindre indulgence, épinglant dès que possible « la petitesse des grands ».

Tandis que d'aucuns s'assagissent avec le temps, ou tout au moins s'apaisent, Émile s'est aigri, convaincu que la vie ne lui a pas souri.

Ne s'est-il pas laissé ravir la vedette tout au long de son duo avec Robert ? Dès le début, alors qu'il était pourtant bel homme, Émile est resté dans l'ombre de son partenaire. Il faut reconnaître que, malgré sa petite taille, ce dernier a toujours eu une sacrée allure, de la prestance, pourrait-on dire, et ce n'est pas Émile qui démentira ! Si bien qu'en voyant passer les deux inséparables, les enfants mais aussi leurs parents, les couples comme les badauds solitaires, tous saluaient gaiement Robert.

Ces marques de sympathie n'excluaient pas Émile. À la belle saison, lorsque ses énormes bras musclés semblaient jaillir de son marcel, les jeunes garçons rêvaient de devenir un jour aussi costauds que lui tandis que les filles reluquaient en gloussant ses larges épaules.

Mais il a choisi d'occulter ce souvenir pour nourrir son amertume.

Si Émile est aigri, il n'est pas ingrat. Il est reconnaissant à Robert de ne jamais lui avoir faussé compagnie. La fidélité est une invention du genre humain qui s'efforce d'y croire ; Émile est heureux d'avoir trouvé un partenaire digne de confiance.

Un jour qu'ils goûtaient une pause bien méritée à l'ombre du saule pleureur qui marque le début du canal de l'Ourcq, il a lancé en ouvrant sa musette : « Quelle vitalité, mon vieux ! Un ravitaillement par-ci par-là te suffit et, s'il ne tenait qu'à toi, nous travaillerions du matin au soir sans répit… Ah ! On peut dire que tu as la santé, mon gaillard ! »

Derrière l'admiration, on pouvait déceler une pointe d'envie pour la condition de Robert.

De complexion délicate, Émile est en effet tombé malade à plusieurs reprises. Au-delà de la souffrance du corps, il a dû à chaque fois affronter la blessure d'amour-propre, car un homme de son acabit n'aime pas admettre sa vulnérabilité.

Jamais il n'a décelé en Robert le reflet du jugement qu'il portait sur lui-même. Être accepté tel qu'il était lui a sans doute permis d'apprendre à s'aimer. Dans le même temps, Robert a pu, au contact d'Émile, attendrir son caractère froid, quasi indifférent, et développer une certaine sensibilité. Il s'est humanisé en quelque sorte.

Au fil des ans, ils ont tissé un lien indéfectible, mélange de respect mutuel et de complicité, et se sont mis à tenir l'un à l'autre.

À tel point que dans les moments de lassitude extrême, quand Émile était à deux doigts de jeter l'éponge, la simple présence de Robert lui a permis de tenir le cap.

Le vulgaire auxiliaire des débuts est devenu une véritable balise auprès de laquelle Émile se sent à sa place, en sécurité, quoi que ses coups de gueule puissent laisser penser.

Tiens ! le voilà qui se calme à présent, sa colère ne dure jamais bien longtemps. Ce matin, c'est tout juste si elle les a retardés. Leur pas de deux peut commencer.

Une petite impulsion du pied gauche d'Émile, et la berge s'éloigne. Les compères glissent en silence sur la surface étale trouée de détritus. La soirée d'hier fut belle, on a célébré l'arrivée de l'été jusqu'à une heure avancée, comme l'atteste la multitude de cadavres abandonnés au fil de l'eau.

Émile empoigne l'épuisette au long manche, lui imprime un mouvement ample de rotation – d'un geste du poignet aussi efficace que juste – et se penche par-dessus le garde-fou en allongeant le bras. La pêche est excellente : un sac plastique, un gobelet orné d'une marque de rouge à lèvres délavé, ainsi qu'un carton en décomposition, sont pris dans le filet.

« Eh bien, à ce rythme, nous afficherons bientôt complet ! » lance t-il gaiement. En dépit de ses accès de mauvaise humeur, l'homme se prend rapidement au jeu, ne serait-ce que par amour du travail bien fait.

Au bout d'une heure de va-et-vient sur le canal, les flancs de Robert sont déjà bien rebondis : « Allez, mon vieux ! Halte au dépôt si tu ne veux pas risquer l'indigestion ! » Émile sourit, conscient de s'adresser à Robert comme à un congénère. Après tant d'années de partage, n'est-il pas devenu, somme toute, un véritable alter ego ?

Entraînant dans leur sillage une cane et sa nichée, ils s'éloignent en direction du dépôt le plus proche, situé juste en aval de l'écluse du Pont Tournant. Deux amoureux les suivent du doux regard émerveillé qu'ils portent sur toute chose… À moins qu'ils soient émus, par un effet miroir, à la vue du joli couple que forment Émile Lehanneur, employé depuis vingt-cinq ans à la Société des Eaux Fluviales de Paris, et Robert P16825F, barge poubelle affectée aux canaux Saint-Martin et de l'Ourcq depuis sa construction.

À L'ORIGINE DU MONDE

Elle s'étire, sort délicatement une jambe de dessous les draps épais et s'étire encore, féline. Son pied découvert cherche le sol, orteils en éventail, tandis que sa main gauche prend appui sur le lit.

Il s'inquiète de ce qu'elle veuille quitter la chambre. Ce serait insensé, le monde n'existe sans doute pas en dehors de ces murs blancs. Elle semble pourtant déterminée à abandonner leur cocon pour plonger dans le néant.

Il tend les bras dans un gémissement implorant, et elle interrompt son geste pour revenir vers celui qui la regrette déjà. Hélas ! elle a beau se pencher avec douceur et l'embrasser dans un sourire qui émaille de petits éclats blancs le tracé de ses lèvres framboise, tout en elle ne parle que d'ailleurs, comme le confirment aussitôt les mots assassins : « Il faut vraiment que j'y aille maintenant… Sois gentil ! »

Il n'est ni gentil, ni méchant, il souhaite simplement rester contre elle, retourner en elle peut-être même.

S'agit-il de sa mère, qu'elle suscite en lui un tel désir de fusion ? Est-il un tout petit enfant ? Il ne sait pas, ne sait plus rien, excepté qu'il sera bientôt seul, vulnérable.

Comme elle se lève, son corps nu se déploie dans la lumière tamisée et toute sa splendeur. Non, cette incarnation de la volupté n'est pas sa mère. Elle ne se montrerait pas ainsi dévêtue, et quand bien même elle oserait, en toute simplicité, sa nudité n'affolerait pas son enfant. Or, tout en ce corps l'émeut, le trouble, l'appelle : la chair – souple sans être molle, polie sans être lisse –, la taille fine qui s'évase sur les hanches solides, la cambrure arrogante des reins et la lourde chevelure brune qui assombrit gaiement le dos marmoréen. Il est fasciné par cette femme magnifique dont il n'est pas le fils et qui, déjà, quitte la pièce.

Désemparé, il reporte son regard sur le plafond, nu et blanc lui aussi mais d'un blanc dur et froid. Des images y défilent, floues, oniriques sans doute, à moins qu'elles soient issues d'un passé tout proche ? Caresses et baisers s'y mêlent sur fond de lin froissé et de soupirs exaltés. Il enfouit son visage dans les draps tièdes et les effluves capiteux qui s'en exhalent stimulent sa mémoire olfactive. Son nez cherche en vain un pli de l'aine acidulé ou une aisselle aigre-douce. Ça n'est pas un rêve éveillé qui l'agite de la sorte, mais bel et bien le souvenir encore frais d'un corps à corps amoureux qui n'aurait jamais dû prendre fin.

Sont-ils amants d'un jour ou amants de toujours ? Qu'importe pourvu qu'il la revoie !

Tout à sa rêverie, il prend pour des cataractes le bruit d'eau qui lui parvient par la porte entrouverte… Dieu du ciel ! Le déluge… Que n'a-t-il tenté de retenir l'imprudente ? Elle a précipité sa perte, la leur, en vérité. Le galbe de ses cuisses et l'éclat laiteux de sa peau sont perdus à jamais !

Passée cette frayeur fulgurante, il s'apaise et écoute plus calmement. Le vacarme se transforme rapidement en léger glouglou. Il revoit la ruelle en pente du village de montagne où il passait l'été, enfant ; une rigole était ménagée en son milieu, dans laquelle de nombreuses fontaines déversaient leur eau glacée. Se peut-il que la belle soit simplement partie remplir un broc pour les désaltérer ?

La voici qui revient déjà, enveloppée d'un grand tissu de couleurs vives auquel répond l'étoffe chatoyante qui dissimule sa chevelure. Radieuse, elle s'exclame : « Ah ! quel bonheur qu'une douche ! », provoquant une moue incrédule de son amant. Une telle affirmation l'étonne bien davantage que d'avoir pu prendre de simples ablutions matinales pour l'apocalypse ; cette naïade, aussi magnétique soit-elle, ne lui fera pas croire qu'on puisse trouver félicité plus accomplie qu'en cette couche qui fut la leur.

Il admire son port de reine tandis qu'elle va d'un meuble à l'autre de sa démarche ondulante et légère, manifestement ici chez elle. Ses gestes ne trahissent pas la moindre hésitation. Lui n'a en revanche d'autre repère que cette figure féminine évoluant avec grâce et la fixe intensément, comme un navigateur solitaire garde en ligne de mire le phare apparu à l'horizon.

Son turban défait, elle secoue la tête avec énergie, tel un jeune chien qui s'ébroue au sortir d'une rivière, et passe ses doigts dans ses cheveux, des racines aux pointes. Rapide, le geste est répété jusqu'à ce que la masse humide et compacte se ramifie en lianes fines retombant sur les épaules vigoureuses.

Lorsque le drap de bain coloré glisse et se répand sur le sol, c'est Vénus qui vient au monde sous le regard ébahi de l'homme : « Qu'as-tu donc à me dévorer ainsi des yeux ? On croirait que tu ne m'as jamais vue ! » L'éclat de rire mutin et la physionomie juvénile contrastent avec la poitrine généreuse dont la blancheur ivoire est rehaussée par l'aréole brune.

Quelle est cette créature, mi-femme-enfant, mi-femme fatale, qu'il est supposé connaître ? Et si c'était le tout premier matin, juste après qu'Ève a été créée ? Ayant goûté, seule, au fruit de l'arbre de la connaissance du bien et du mal, elle serait alors chassée de la chambre où règnent harmonie et unité !

Dans ce cas, il veut mordre lui aussi la chair interdite et rejoindre dans l'exil celle qui préfigure toutes les femmes à venir et inspirera ou a inspiré – car la consistance du temps est étrange, ce matin – l'*Odalisque* d'Ingres, l'*Olympia* de Manet ou la *Danaë* de Klimt.

Il est prêt à produire pour elle du pain à la sueur de son front, à soutenir ses épaules sans faillir lorsqu'elle enfantera dans la douleur, à baisser pudiquement les yeux si elle joue les madones ou à la défier du regard si elle s'improvise putain. Il lui semble même qu'à ses côtés, il se résignerait gaiement à vieillir.

Ces divagations enivrantes détournent son attention de la sublime pécheresse. Quand il la regarde à nouveau, elle entreprend d'enfiler un bas, pied posé sur le lit. Où diable est-elle allée chercher ce geste inouï ? Quelques instants plus tard, elle est habillée avec élégance et ajuste un adorable petit chapeau tout en vérifiant sa silhouette dans le miroir de la coiffeuse.

Elle va partir, et l'homme se demande s'il doit la suivre quand elle lance de sa voix claire : « Thomas chéri, n'oublie pas que tu vas chercher Raphaël à la crèche ce soir. Dépose-le comme convenu chez les voisins et rejoins-moi au labo pour l'échographie des trois mois… Cette fois-ci, ne sois pas en retard ! »

Un baiser plus tard, sa femme – puisqu'il s'agit d'elle – s'est envolée, l'abandonnant tout étourdi à la vérité révélée.

Comme à chaque fois, le choc est brutal. Thomas ne s'est jamais accoutumé à ce vertige de l'amour qui lui fait tout oublier ou presque de la vie, le ramenant en quelque sorte à l'origine du monde.

SINGULIÈRE AGAPE

Elles sont alignées devant moi, et je les observe avec délectation.

Une série de huit d'abord, petites et denses, ourlées de noir – un trait de velours autour du gris humide, juste avant le bord nacré.

Sept autres suivent, de la taille d'un gros galet et moins contrastées. Le blanc laiteux de leur chair vient épouser l'opale de la coupelle calcaire en une étroite bande brune.

Les six dernières, tout en longueur et d'une teinte vert d'eau, pigmentent d'une touche végétale l'appétissant tableau.

Je les ai rapportées tout à l'heure du marché, couchées au creux du panier en osier.

Pendant que le colosse venu des côtes normandes à l'aube me servait de ses larges mains calleuses les trois demi-douzaines demandées, j'ai admiré la profondeur de son regard bleu, assorti à l'ample vareuse. Comme il m'invitait à choisir trois autres coquillages, au lieu de prendre un septième de chaque catégorie, j'ai écouté mes préférences, esquissant ainsi une suite mathématique : six « sauvages », sept « spéciales » et huit « pousses en claire ».

L'homme m'a alors proposé de préparer l'ensemble, et j'ai décliné.

Car j'aime ce corps à corps, certes peu glorieux tant je suis certaine d'en sortir victorieuse, mais dans lequel je m'engage toujours avec respect, parfois même emplie de crainte.

Aujourd'hui, il revêtait une nouvelle dimension. Debout devant le plan de travail, face à ces trois petits tas en camaïeu de gris, j'ai pressenti une expérience à la fois charnelle et spirituelle, quasi mystique. Recouvrant ma main de l'usuel torchon, j'ai eu une pensée pour le toréador qui s'enveloppe de sa cape fluide et agite son chiffon écarlate pour narguer la bête aux naseaux écumants !

J'ai saisi une première coquille, verrou dans le creux de la main, et approché la pointe de mon couteau du côté droit. Elle pénétra facilement et je lui appliquai un léger mouvement rotatif en la poussant un peu vers l'intérieur. Le muscle céda très vite et les deux valves se séparèrent, inondant mon linge de la première eau, salée comme nulle autre. Le contact avec ce liquide blanchâtre m'a rappelé la rupture de la poche amniotique, annonciatrice de la naissance de mon premier enfant.

J'ai alors dégagé le manteau en prenant soin de ne pas en déchirer le lobe droit – le couvercle, comme on dit –, puis contemplé avec satisfaction l'animal ainsi découvert, masse fragile abandonnée en son berceau de rocaille. Un soupçon de fierté m'a chatouillée, comme s'il s'agissait là de mon œuvre. Ravalant ce sursaut d'orgueil, je me suis remise humblement à l'ouvrage.

La tâche fut ardue, il y eut des récalcitrantes, en particulier parmi les « sauvages », dont la carapace épaisse, toute en circonvolutions, forme un sérieux rempart contre les prédateurs.

L'extrême résistance de la dernière d'entre elles me troubla ; démunie devant la force résolue qu'on m'opposait, je jugeai ridicule mon acharnement empressé. J'envisageais de renoncer quand ma lame se glissa dans un minuscule espace, annonçant ma victoire.

Témoins de l'âpreté du combat, quelques bris d'écaille mouchetaient le gris charnu offert à mon regard. C'était bien peu de chose, j'aurais pu le déchiqueter ou entailler mes doigts maladroits ! Pleine de gratitude, je passai le coussinet sous un filet d'eau fraîche qui le débarrassa de ses intrus, balayant du même coup mon désarroi.

Mes proies sont donc prêtes. Vivantes. Vulnérables. Telles les victimes d'un sacrifice expiatoire offertes à leur bourreau.

L'autel est dressé. Sur la table en bois qui pourrait accueillir aisément huit personnes, un étroit chemin de lin a été jeté. Une unique assiette de porcelaine s'y prélasse, légère et inconséquente, jouissant de sa vacuité sans se préoccuper de la charge à venir. Au sommet de sa rondeur parfaite trône un verre élancé, dont la fine corolle donne à la scène un avant-goût de printemps.

Pourtant, le mois est en R. C'est un dimanche limpide, encore tout imprégné des frimas de l'hiver.

L'aube glaciale m'a cueillie au sortir d'un rêve aquatique et sensuel. Son souvenir fugace m'a inspiré le menu du jour et suggéré d'inviter le plus gourmet de mes amants ; nous aurions trouvé mille façons de relever d'une touche voluptueuse les plaisirs de la table. J'imaginais déjà la tache lactescente se détachant sur ma peau mate avant d'être aspirée avec gourmandise par la bouche finement dessinée, et combien il m'aurait plu ensuite d'être l'objet de ce même appétit. Je repoussai pourtant cette alléchante perspective, plus désireuse de traiter mes compagnes en invitées d'honneur qu'en faire-valoir de mes ébats amoureux.

Nous serons donc vingt-deux à table, ce dimanche. Vingt et une huîtres et une seule femme, réunies pour une agape aussi frugale que singulière.

Avant de me rendre au marché, tentée par un peu de cuisine, j'ai trouvé plus de recettes qu'il n'en fallait. Une fois écartés la salicorne trop salée, les asperges délicates mais pas de saison et les œufs d'esturgeon au luxe tapageur, il en restait encore beaucoup ! Comment allais-je servir mes délicieuses, mes charmantes ? Gratinées ou en velouté ? Soulignées d'une pointe de piment d'Espelette ou allongées sur un lit de ventrêche croustillante ? Ma tête tournait déjà, l'écœurement me guettait, et il m'apparut que tous ces ingrédients seraient aussi superflus que la présence d'un tiers.

Je les veux donc telles que Néron a décrit Junie sous la plume de Racine : *belle(s), sans ornement, dans le simple appareil d'une beauté qu'on vient d'arracher au réveil*. Nous serons naturelles, sans fioriture d'aucune sorte : les huîtres dans leur coquille et moi nue dans mes escarpins écume, assortis à la mer nourricière.

Je n'ai jamais osé recevoir ainsi et n'en conçois aucun regret. Sans doute mon idée eût-elle alors été de choquer un peu, tout au moins de surprendre, si possible d'émoustiller. La démarche à présent est toute différente. Je ne cherche à créer aucun effet, mais à cueillir un moment dans sa vérité crue.

Je sors la bouteille de Quincy du garde-manger, empoigne mon tire-bouchon garçon de café. Le cylindre de liège pousse un joli « pop » en s'extirpant du goulot de verre. Mes papilles sont en émoi.

Avant de céder à la tentation, il me faut me dévêtir, puisque j'en ai décidé ainsi ; renoncer à mon armure comme les huîtres ont été privées de la leur. Mon corps mis à nu réclame un bain. Rien ne s'y oppose : mes convives se détendent en cuisine et le vin s'aère doucement.

Tandis que l'eau chaude enveloppe ma chair alanguie, un désir soudain m'envahit. Je l'accueille sans esquisser pour autant nulle caresse : « Ne va pas chercher le plaisir, prends-le là où il est, sans apprêt, sans quête ! » pensé-je. Je m'abandonne donc à la sensation délicieuse de ne faire qu'un avec le liquide. Une paix profonde me submerge, à tel point que je somnole un court instant. Je n'ai pas conscience d'avoir dormi, mais seulement d'émerger de l'absence, parfaitement reposée. Un jet d'eau fraîche complète cette sieste-éclair, et je quitte la baignoire pleine d'une joie nouvelle.

Comme si j'officiais pour un baptême païen – le mien ! –, je prends soin d'oindre mon corps d'une huile parfumée avant d'enfiler mes chaussures à talons. Je saisis machinalement sur ma coiffeuse une paire de boucles d'oreilles et ma bague cabochon. Non… ma nudité s'accommoderait mal de ces décorations !

Une silhouette incongrue s'inscrit dans le miroir de ma chambre, et je m'attarde un peu sur l'étrange reflet. La poitrine alourdie par les ans se redresse fièrement sous l'effet de la forte cambrure et le regard s'est paré d'une lueur de défi. Je souris à cet autre moi-même.

Je porte à table le gros moulin à poivre, puis mes belles captives, disposées sur trois assiettes en argent reçues de ma grand-mère. J'ai partagé avec cette dernière bien des plateaux de fruits de mer et son ombre bienveillante légitimera, si besoin est, mon festin solitaire.

Celui-ci peut commencer.

Je choisis une belle huître sauvage aux proportions élégantes, la détache de son pied et l'aspire doucement, telle quelle, en fermant les yeux. Il me semble entendre la rumeur des flots tandis que la chair se brise sous mes dents ; n'est-ce pas celle qui m'a défiée crânement ? Quand on est gardienne de l'océan, on ne livre pas ses secrets sans bataille !

Mon regard se pose sur le verre de Quincy, dont la robe jaune pâle se pare de reflets verts. Je le porte à mon nez et me perds avec plaisir dans le parfum d'agrumes et de fleurs mêlés. Si le citron amoindrit les délicates saveurs marines, ce subtil arôme de pamplemousse leur sied à merveille. Le liquide libère dans ma bouche ses notes florales et minérales. Elles appellent une deuxième huître.

Ce sera une « spéciale », aussi charnue que menue, au goût de noisette fraîche légèrement salé. Cette fois, je ne suis plus en bordure d'Atlantique, mais dans un repli que la terre ménage près de Marennes, le long du port naturel de la Cayenne.

Au lieu de toutes les recettes qui noient le goût du coquillage, j'imagine une succession de bouchées qui le sublimerait : une huître, une noix pilée, une huître, une fine tranche de chorizo, une huître, un quartier de bergamote dont la tendre amertume détonnerait joliment, comme un accord dissonant peut flatter l'oreille.

J'attrape une « pousse en claire » et, déjà, j'en perçois la rondeur, relevée d'une note iodée. Je la croque, et les mots me manquent pour décrire les sensations qui m'envahissent. Que pourrais-je bien dire ? Le moment se suffit à lui-même, et je savoure cette huître sublime.

Je sais qu'il m'en reste sept, et cette simple certitude me comble.

Également parus dans la collection Euphémie
(nouvelles)

Line ALEXANDRE, *Ça ressemble à de l'amour*
Thierry BELLEFROID, *Zestes mondains*
Philippe CANTRAINE, *Cuentos des cœurs compliqués*
Jacques CELS, *Les îles secrètes*
Daniel CHARNEUX, *Vingt-quatre préludes*
Dominique COSTERMANS, *Nous dormirons ensemble*
Dominique COSTERMANS, *Je ne sais pas dire non*
Dominique COSTERMANS, *Des provisions de bonheur*
Laure Mi Hyun CROSET, *Les velléitaires*
Bérengère DEPREZ, *Derrière moi*
Patrick DUPUIS, *Passés imparfaits*
Emmanuelle FAVIER, *Confession des genres*
Agathe GOSSE, *Fracas*
Florence HEINIGER, *Une larme dans l'objectif*
Claudine HOURIET, *Le temps où nous aimions*
Jean JAUNIAUX, *Le pavillon des douanes*
Jean JAUNIAUX, *Les maraudeurs de l'obscur*
Aurelia Jane LEE, *L'amour, ou juste à côté*
Aurelia Jane LEE, *Les saisons intérieures*
Dominique MAES, *Monstres*
Valérie NIMAL, *Les minutes célibataires*
Françoise PIRART, *Un acte de faiblesse*
André SEMPOUX, *Le bol à moustaches*
Daniel SIMON, *L'échelle de Richter*
Christine VAN ACKER, *Où sommes-nous ?*

Imprimé en Union européenne
ISBN 978-2-88253-501-6
D/2015/6344/4